Snow Man
vs
SixTONES
―俺たちの未来へ―

あぶみ瞬

太陽出版

プロローグ

メンバーにとって、そして何よりもファンの皆さんにとって〝待ちに待った瞬間〟がやって来たのは、2019年8月8日、東京ドームで行われた『ジャニーズJr.8・8祭り』のステージだった。
向かって右側にSixTONES、左側にSnow Manが横1列に並ぶ中――

『皆さんに伝えることがあります』

と、ジェシーが告げると、背景モニターに――

『SixTONES Snow Man
2020年 同時CDデビュー決定!!』

――の文字が躍ったのだ。

「耳をつんざくかのような、5万5千人の絶叫にも似た歓声は今も耳にこびりついています」

歴史的なデビュー発表の現場に立ち合ったテレビ朝日『裸の少年』プロデューサーは、

「これまでに嵐、NEWS、KAT-TUN、Hey! Say! JUMP、ジャニーズWEST、King & Princeのデビュー発表や会見に立ち合ってきたけど、2組同時はもちろん初めてだったし、デビューまでにガッチリとメンバーが確定していたグループの発表も初めてだったので、彼らの想いがストレートに溢れてきて、涙なくしては見守れないシーンでしたね」

——と振り返る。

「ジャニー(喜多川)さんが名付けたユニットは彼らの後輩にもたくさんいるけど、ジャニーさんが〝デビューを許可した〟最後のグループが彼らなのは紛れもない事実。その重い宿命を背負って、世界に羽ばたくグループになるのが彼らの使命となるでしょう」(『裸の少年』プロデューサー氏)

6人それぞれの個性を〝6つの音〟に例え、six tonesが結成されたのは2015年5月1日。

直後に「〝シックス・トーンズ〟ではゴロが悪い」と〝SixTONES〟へ改名したのだが、2012年のドラマ『私立バカレア高校』から〝いつも6人で乗り越えてきた〟絆と信頼関係は、自由奔放なグループカラーからは想像が出来ないほど律儀で保守的だ。

「彼らのポリシーは『6人それぞれが好きなジャンルを極め、それぞれが一番になってグループに戻ってくる』――こと。だから実は我々やファンの皆さんが思うほど〝デビューにはこだわっていなかった〟点が、彼らの最大の強味になっている」（同氏）

一方、何が何でも「デビューしてやる!」と貪欲だったSnow Man。

メンバー10名の頭文字から〝Mis Snow Man〟と命名された2009年から3年後の2012年5月、6人のメンバーで〝Snow Man〟へ。

舞台のパフォーマンス、アクロバットは〝ジャニーズJr.史上最強〟の通り名を持ち、ジャニーズが誇るエンターテインメントの正統派DNAを受け継ぐグループだ。

「今は頭文字とは関係なく、そもそも深澤くんのFは最初から忘れられていたのですが（苦笑）、彼らはどのJr.よりもデビュー志向が強く、そのために自分たちの弱点をカバーする向井康二、目黒蓮、ラウールの加入を滝沢秀明氏と決めました」（同氏）

2020年1月22日、SixTONESは〝世界のYOSHIKI〟プロデュース『Imitation Rain』で。

Snow Manは栗原暁（Jazzin'park）、HIKARIのジャニーズ王道コンビによる『D.D.』で。

それぞれデビューを飾った。

「これまでにジャニーズ事務所からメジャーデビューした23組の先輩たちの中で、デビュー時のメンバー平均年齢が最も高いのはA.B.C-Zの23.6才でした。しかしSixTONESで23.7才、Snow Manで24.4才と、いずれも記録を更新し、深澤辰哉に至っては五関晃一のデビュー最年長記録（26才7ヵ月）を1才以上更新する27才8ヶ月でのデビューになりました。その年令での彼らのデビューは、まずジャニーズJr.がデビュー出来るかどうかの〝22才定年説（※あくまでも説）〟を打ち破り、さらにはメンバーの3分の2がキャリア14年目以上という実績が〝今後、モノを言うのではないか？〟と、大きな希望を抱かせるデビューになりました。自分の目の前の仕事に全力で取り組み、コツコツと経験を積み重ねた先に何が待っているのか。それはこれから、SixTONESとSnow Manが後輩たちに見せつけてくれるでしょう」（同氏）

良い意味でライバル関係にあるSixTONESとSnow Manが、ファンの皆さんに魅せてくれるモノ。

それが何であるかは、この後の本編をお読み頂ければおわかりになるだろう。

たとえば、1年でほとんどの先輩を飲み込んでしまったKing&Princeに対し、ジャニーズJr.時代の先輩でもあるSixTONESとSnow Manが——

『待ってろよ。

お前たちの知らないエンターテインメントを教えてやるからな!』

と、宣戦布告の炎を燃やしていることを——。

Snow Man

vs

SixTONES

—俺たちの未来へ—

目次

2nd Chapter
Snow Man
67

Snow Man vs SixTONES

―俺たちの未来へ―

1st Chapter

Snow Man vs SixTONES ヒストリー

HISTORY

HISTORY 1 ～戦友からライバルへ～

2004年8月、深澤辰哉と阿部亮平が〝最初のSnow Man〟としてジャニーズJr.に入所。

以来、丸15年の月日が流れた2019年8月8日――。

ジャニー喜多川氏が〝最後に認めた〟SixTONESとSnow Manのメジャーデビューが発表されたのは、滝沢秀明ジャニーズ事務所副社長にとっても思い出深い、ジャニーズJr.東京ドームコンサートのステージだった。

「1999年10月19日――その日にちをもじった、いかにもジャニーさんらしいタイトル『ジャニーズJr.特急投球コンサート』こそ、当時のタッキーを頂点とした〝第一期ジャニーズJr.黄金期〟に行われた、ジャニーズJr.初の単独東京ドームコンサートでした。すでにジャニーズJr.はゴールデンタイムにバラエティ番組のレギュラーを持っていましたが、やはり単独での東京ドームコンサートは格別。それはエンディングでのメンバー紹介で感極まっていたタッキー、すばるくんの表情が物語っていましたね」

今から20年前、TBSテレビで『ガキバラ帝国2000!』を企画、新番組立ち上げの準備をしていた（※当時の）若手プロデューサー氏は、

「あのコンサートを見て〝番組に誰を出すか?〟最終的な試験のつもりで客席にいたんですよ」

――と、これまでに明かされることがなかった秘話と共に振り返る。

「あえて〝タッキー〟と呼ばせてもらいますが、タッキー以外のレギュラーメンバーを誰にするか、ジャニーさんはその選抜を任せてくれていたんです。テレ朝さんの『8時だJ』と差別化を図るため、ウチは少数精鋭メンバーで構成するつもりだったので。まあ結果的にはタッキーと翼くん、嵐、関ジャニ∞結成前のすばるくん、横山くん、村上くん、錦戸くん。それに山ピーと斗真、懐かしのジミーMackeyという、〝喋れる〟人気メンバーに落ち着きましたけど。でもそれも、彼らが他のJr.より秀でていたからに他なりません」（『ガキバラ帝国2000!』プロデューサー氏）

実は2019年8月のコンサートも、20年前と同様、「メンバーのバラエティ適性を見極める目的があったのではないか?」と、プロデューサー氏は続ける。

「それは年末年始のSixTONESとSnow Manの出演ラッシュを見れば明らかでしょう。確かに1月22日にメジャーデビューを控えてはいますが、いくらジャニーズの新人でも、たとえば1月2日の『新春しゃべくり007』のような大型特番にブッキングされるなんて簡単なことではありません。おそらくこれまで時間をかけ、彼らの適性を見極めていたに違いありません」

好視聴率確実の『しゃべくり007』新春スペシャルにデビュー前のジャニーズJr.が出演することはもちろん、「他の出演者との〝横の比較〟に驚かされた」と言うプロデューサー氏。

まず登場したのがボクシング世界チャンピオンで〝モンスター〟の称号を持つ井上尚弥と、年末年始〝最も売れっ子〟のラグビーW杯代表選手とのカップリング。

次にバイオリニストでありながら、2019年で最もブレイクした〝毒舌〟タレントの高嶋ちさ子に、よりによって〝破局直後〟の剛力彩芽をぶつけるカップリング。

そしてSixTONESとSnow Manのカップリング。

まさに2019年のスポーツ界、芸能界の顔と並べても〝十二分に視聴者を惹きつけられる〟と、制作陣が判断したブッキングに違いないと断言する。

「『しゃべくり』スタッフとジャニーズの関係が良好なのは、これまでに出演したジャニーズの顔触れを見ても明らか。しかし逆に言えば、だからこそ〝新春に相応しい〟メンバーを選び放題のスタッフが〝SixTONESとSnow Manを選んだ〟ことに意味がある。東京ドームでのデビュー発表以降、彼らはずっと『しゃべくり』スタッフの〝試験〟を受け続けていたのです。そして井上選手とラグビーW杯代表ペア。間違いなく芸能ニュースのトップで扱われる高嶋ちさ子、剛力彩芽ペアと並べてもまったくヒケを取らない、〝視聴者が逃げていかない〟と確信を持たなければ、新春スペシャルには呼ばれません。だってデビュー直前に通常放送で呼べばいいだけの話ですから」

（プロデューサー氏）

そのプレッシャーを自覚し、本人たちもこの番組に備えていたのだろう。ジェシーがモノマネ〝ドナルドたけしさん〟で爪痕を残し、Twitterでトレンド入りしたのも当然の結果だったのだ。

「ジェシーはもともとの芸達者に磨きがかかりましたね。それよりも驚いたのがSnow Manの岩本くん。佐久間くんと出演した元日の深夜番組は笑いました」（同氏）

番組名は『ハンサムジョーのゴッド5』。

岩本と女優の本仮屋ユイカがそれぞれ登場し、今、自分が最も興味があるジャンルに関する〝5人の神〟からプレゼンを受け、たった一人の〝神中の神〟を選ぶ番組だ。

「岩本くんは〝筋肉の神〟を選び、ボディビルダーからアームレスラーまで5人の筋肉自慢が登場しました。スタジオにはパネラーとしておぎやはぎ、フットボールアワーが出演。岩本くんは彼らの〝振り〟に応えて上半身裸になると、プレゼンされたトレーニングを楽しそうに試したのです」(同氏)

ＳｎｏｗＭａｎを引っ張る存在ではあるものの、ＭＣではなくパフォーマンスで語るタイプの岩本が、プロデューサー氏に言わせると、

「〝自分から手を挙げなければ埋もれてしまう〟――それを東京ドームからの数ヶ月間で学んだように見える」

――そうだ。

1月11日にオンエアされた『嵐にしやがれ』〝ＳｉｘＴＯＮＥＳ＆ＳｎｏｗＭａｎ記念館！〟でも――

『限られた時間とチャンスを何とかモノにしたい！』

――その意欲が画面を通して伝わってきた岩本。

プロデューサー氏は「あくまでも個人的な意見」としつつも、

「SixTONESとSnow Manは〝戦友〟から〝ライバル〟に変わった」

――と、その印象を語る。

「タッキー……ではなく、ここでは滝沢副社長としますが、まさに滝沢副社長の狙いが実を結ぼうとしているのではないでしょうか。Jr.歴の長い彼らは〝大所帯の居心地の良さ〟に浸かっている決定的な弱点があり、それを払拭するために常に〝競わせる〟姿勢を貫いている。多くの番組に2組をペアで出演させるのは、新人ゆえの〝十把一絡げ〟的な扱いではなく、あえてお互いに〝自分たちよりも相手が優れている〟点を自覚させるため。自分自身でそこに気づかないと成長しないし、芸能界では生きていけない。これが滝沢副社長の育成方針なのです」（同氏）

そうして遂にメジャーデビューを果たした彼らは、これまでにどのような〝茨〟をかき分け、踏み締めて歩いてきたのだろうか。

ほとんど知られることがなかった彼らのヒストリーについて、しばらくの間、おつき合い頂ければと思う――。

HISTORY 2

～〝動かなかった〟2組～

2009年に〝Mis Snow Man〟として結成され、その3年後の2012年5月、旧メンバーの6人で再スタートを切ったSnow Man。

一方、2012年4月クールの連続ドラマ『私立バカレア高校』に出演、通称〝バカレア組〟の6人が2015年5月に再結集したSixTONES。

共にコンサートや舞台で存在感を発揮し、ジャニー喜多川氏の存命中から「次のデビューは彼らの争い」と言われた2組だったが、結果的には2014年にジャニーズWEST、2018年にはKing & Princeにも先んじられてしまった。

「2組共それぞれにデビューのチャンスはあったと思いますが、特にそのチャンスが大きかったのはバカレア組時代を含めたSixTONESのほうでしたね。Snow Manはジャニーズ内の当時の派閥で言えば〝滝沢派〟で、滝沢くんの主演舞台『滝沢歌舞伎』『滝沢演舞城』には欠かせない、現場のエキスパート。一方のSixTONESはメンバー個々がバラエティやドラマ、映画で活躍するシーンも多かったので、視聴者の目に留まる機会が多かった。そういう一般的な評価や評判はデビュー候補の要素には欠かせません」(芸能ライター)

しかし結果的には、SixTONESにもSnow Manにもデビューの女神はなかなか微笑まず、2組の中で最もジャニーズ歴が長いSnow Manの深澤辰哉や阿部亮平などは、入所直後の関ジャニ∞(※2004年9月22日『浪花いろは節』で全国メジャーデビュー)をはじめ、

KAT-TUN(2006年3月22日)

Hey! Say! JUMP(2007年11月14日)

Kis-My-Ft2(2011年8月10日)

Sexy Zone（2011年11月16日）

A.B.C-Z（2012年2月1日）

中山優馬（2012年10月31日）

ジャニーズWEST（2014年4月23日）

King & Prince（2018年5月23日）

期間限定や企画ユニット、デビュー組のグループ内ユニットを除き、9組ものメジャーデビューを見送ることになってしまったのだ。

「SixTONESとSnow Man15人中10名までは2006年内にジャニーズJr.入りしているので、それこそ3分の2のメンバーはHey! Say! JUMP以降のデビューを見送り、いくつかのグループでバックダンサーにも付いていた。**『何で俺がデビュー組に入れてもらえないんだ⁉』**――の気持ちは強かったと思います」（同ライター）

そんな〝お預け〟を喰らっていた彼らにとって衝撃的だったのが、2013年に行われた関西ジャニーズJr.初の全国ツアーだったという。

そのツアー東京公演の囲み取材の席上、会場となったNHKホールで芸能マスコミの取材を受けたジャニー喜多川氏の口から、信じられないセリフが飛び出したからだ。

「ジャニーさんが中間淳太くんと桐山照史くんのユニット〝B.A.D.〟を中心とした関西ジャニーズJr.のメンバーたちを**『そろそろデビューの時期』**――と明言したのです。確かに関西ジャニーズからは関ジャニ∞以降9年間（※当時）もデビュー組が出ていなかったので、正直なところ関西Jr.のモチベーションは底辺まで下がっていた。しかし失礼ながらB.A.D.には新鮮味をまったく感じない僕らは、それこそJr.に多少の夢や希望を与えるための、社交辞令的な意味合いの発言だと思ったんです」（同氏）

なぜならば関西ジャニーズJr.でもジャニーさんが特に目をかけたメンバーは、ひとまず東京Jr.に移籍させ、それからソロデビューなりユニットデビューなりを果たしていたからだ。

「その顕著な例が中山優馬くんです。関西ジャニーズJr.時代にTOP Kids、中山優馬 w/7WEST、中山優馬 w/B.I.Shadow（※松村北斗 髙地優吾も所属）、NYC boys（※同）、NYCでセンターを張り続け、形としては2012年の大学進学と共に東京Jr.に移籍。同年10月にソロデビューを果たした時の所属はジャニーズJr.本体。それ以外でもHey! Say! JUMPの山田涼介、知念侑李と組んだNYCは企画ユニットからスタートしたものの、すでにその時点で3年連続紅白歌合戦単独出場（※初年度はNYC boys名義 最終的には4年連続出場）を果たし、ジャニーズの常識や慣例、規律などすべての枠を飛び越えたメンバーでした」（同氏）

関西Jr.でありながら東京Jr.とのユニット〝中山優馬 w/B.I.Shadow〟が結成されて以降、関西Jr.のメンバーたちは自分たちが取り残された存在で、「優馬以外は〝用無し〟なのではないか?」という焦燥感に苛まれた。

そして我慢の限界を超えたB.A.D.の2人が〝デビュー直訴〟の行動を起こす。

「それまでにもジャニー喜多川氏にデビューを願い出たメンバーはいたでしょうが、実際に結果に結びついたのは彼らが初めてで、ジャニーズの歴史の中でも直訴が成功したのは他にKing & Princeのみでしょう」（同氏）

もちろんB.A.D.の2人が直訴したことは、東京Jr.にも伝わっていただろう。

しかしSixTONESとSnow Manは彼らの後を追わず、ひたすら精進を続けるのみだった。

さらには2017年に今度は後輩のKing & Princeが直訴に出ても、その態度を崩さない。

それは一体、なぜなのか？

果たして彼らには〝動けない〟特別な理由でもあったというのだろうか――。

HISTORY 3 ～松村北斗にのしかかったプレッシャー～

『2015年に入った頃、「もうジャニーズJr.を辞めよう」と決めてました。

辞めようというか、〝俺はもう辞めざるを得ない立場だな〟――と。

でもそうしたらバカレア組が正式に〝SixTONES〟というグループになると聞かされ、
そこで思い止まったんです。

ただそれでもジェシーがいなかったら、

「グループ? どうせデビュー出来ないっしょ!」

――と、強引に辞めていたかもしれませんね』〈松村北斗〉

2009年2月にジャニーズJr.入りすると、その3ヶ月後にはB.I.Shadowの新メンバーとして活動を始めた松村北斗。

他のメンバーは、後のSexy Zoneに抜擢される中島健人と菊池風磨。

そして少し遅れて、テレビ番組オーディションに合格してJr.入りした髙地優吾が加入する。

「2011年9月にSexy Zoneの結成とメジャーデビューが発表された際、そこに北斗くんの名前がなかったのはいささか衝撃的でした。B.I.ShadowからNYC boysへと4人の顔触れは変わりませんでしたし、ぶっちゃけ人気も健人くんに迫る2番手。つくづくジャニーズは〝恐ろしい所だ〟と思い知らされましたよ」

こう言って当時を振り返るのは、ジャニーズ番組を数多く手掛けてきた人気放送作家氏だ。

「中山優馬 w/B.I.Shadowの時も、NYC boysの時も。そして再びB.I.Shadowに戻った時も。当時の北斗くんは中学生から高校生にかけての多感な思春期なのに、目の前まで来ていたメジャーデビューのチャンスが何度擦り抜けても、決して人のせいにはしない強い精神力の持ち主でした。実はデビューが決まった後に〝やっとだね〟と声をかけると、嬉しいんだけど、どこかまだ信じられないような表情で『**だね～**』と笑ってくれたんです」（人気放送作家氏）

松村北斗がこれまでデビュー出来なかったことについて、2015年以降はSixTONESのメンバーであったことを除いても、不自然に思うファン、ギョーカイ人が多いようだ。

中にはこんな噂を耳にした者もいる。

「ジャニーさんも北斗を気に入っていましたが、北斗よりも1年8ヶ月ほど後に入ってきた佐藤勝利に目をかけていたので、勝利中心のグループを作るためには、タイプが真逆で何かと比較されそうな北斗をグループに入れるわけにはいかなかった。優等生の健人と縁故枠の風磨、マリウス。松島聡も含めて〝勝利の引き立て役〟で作ったグループなので、〝勝利を脅かしそうなメンバーは入れられない〟――という噂は、ずいぶん根強く囁かれてましたよ」（某テレビ局音楽番組関係者）

Sexy Zoneには2大会連続でバレーボールW杯応援サポーターを務めさせたり、NYCの代わりに2013年からNHK紅白歌合戦に出場させたり（※6年連続出場）したものの、結成から9年、いまだにブレイクの兆しがない。残念ながら2020年はSixTONESとSnow Manの勢いに吹き飛ばされてしまうだろう。

「北斗くんと髙地くんにしてみれば、Sexy Zone結成時にメンバーから外されてしまった屈辱を、ようやく晴らすことが出来る。2人ともそんなことは一切口にしませんが、ほんの少しでも溜飲が下がった気持ちになるのも本音だと思います」（前出・人気放送作家氏）

実は松村にはＳｅｘｙ Ｚｏｎｅの選抜から漏れたことなど〝ある意味、どうでもいい〟というほど重い、果たすべき最優先の責任があったのだ。

「1995年から今年まで26年連続で発表される、月刊誌Ｍｙｏｊｏの〝Jr.大賞〟。その最も重要なランキングである『恋人にしたいJr.』部門で、北斗くんは〝1位に輝きながらメジャーデビュー出来ない最も不名誉な結末を残すところだったのです」（同氏）

1995年の第1回〝剛健コンビ〟でノミネートされていた森田剛と三宅健の2人以来、昨年までの25回で『恋人にしたいJr.』1位に輝いたのは16名。

そのうち大学卒業に伴う就職で円満退所した小原裕貴（1996年・1997年）、昨年1位に輝いたばかりの西畑大吾を除く14名のうち、何と7年前の2013年の1位・松村北斗だけが、メジャーデビューすることが出来ないままだったのだ。

1998年の滝沢秀明以降、相葉雅紀（1999年）、山下智久（2000年〜2002年）、亀梨和也（2003年）、赤西仁（2004年〜2006年）、八乙女光（2007年）、山田涼介（2008年）、橋本良亮（2009年）、中山優馬（2010年）、中島健人（2011年・2012年）、岩橋玄樹（2014年〜2018年）と、前人未到の5連覇を達成した岩橋こそ病気療養中だが、その他のメンバーは退所した赤西を含め現役で頑張っている。

「そんな中、自分だけがメジャーデビューしていない、しかも7年も前に1位になっているのに、その間チャンスを掴めなかった。北斗くんは誰よりも大きなプレッシャーを感じると同時に、**『すべては俺自身の不甲斐なさのせい』**——と自己嫌悪にも陥っていたのです」（同氏）

表向き、わざわざ〝Jr.大賞〟のジンクスを口にするような松村ではないが、内心、何よりもホッとしているであろうことは、Jr.大賞が及ぼす影響力の大きさからも容易に想像が出来る。

「当時、1位に輝いた北斗くんは**『デビューに向けて限りなく前進した気がします』**——と話していました。B.I.Shadowが消滅したものの、バカレア組として注目を集めたことが2013年の結果に直結したわけですからね。ところが翌年から後輩の、それもSexy Zoneの弟分的な岩橋くんに5連覇されてしまい、否が応にも**〝自分の時代は一瞬で終わった〟**——と、打ちのめされてしまったのです」（同氏）

そんな松村北斗の〝暗黒期〟を救ってくれたのは——

『永遠の相方。感謝してもしきれない』

——とまで語る、ジェシーだったのだ。

HISTORY 4 〜ジェシーに救われた松村北斗〜

Sexy Zoneの結成が発表された2011年9月、それまで所属していたユニットB.I.Shadowが一瞬にして消滅した松村北斗と高地優吾。

しかし失意のドン底に叩き落とされた2人に一筋の光が差し込んだのは、2012年4月クールの連続ドラマ『私立バカレア高校』への出演オファーだった。

男子生徒側の主役は森本慎太郎、女子生徒側の主役は〝ぱるる〟ことAKB48の島崎遥香。男子チームは今のSixTONESプラスHey! Say! JUMPの高木雄也、女子チームはAKB48の9期生と10期生の選抜メンバーに、元AKB48・元NGT48の北原里英が加わったチームだった。

当時『私立バカレア高校』現場スタッフだった日本テレビの制作スタッフ氏は、

「とにかくジャニーズ側とAKB側、双方のファンがいつ暴走するかが心配でたまらなかった」

——と振り返る。

結局のところ「本人たちが想像以上に自覚していて、こちらは心配しただけで無事に何事もなかった」らしいが。

「ドラマの制作発表でプロデューサーが〝電話番号の交換禁止〟などと余計なことを言い出し、僕らはあちこちに気を遣うハメになったんですよ。プロデューサーもネタのつもりで振っただけで、もちろん問題の〝も〟の字も起きませんでした」（『私立バカレア高校』現場スタッフ氏）

ドラマ現場、それも『私立バカレア高校』のようなオールロケの作品のほうが、自由に見えて実際には不自由極まりないという。

演者同士が人目を忍んでコッソリと電話番号（今ならばLINEのID交換）をするのは、意外と目立つので難しいからだ。

「スタジオ収録の場合はそれぞれに楽屋が用意されますが、オールロケ、それも学園物の控室は、未使用の教室や実験室を大部屋として利用します。当然、見張りのスタッフもあちこちにウジャウジャといるので、リハーサルと本番以外は控室に籠りっぱなしのケースが多いんですよ。それに『私立バカレア高校』は男子より女子の出演者、エキストラが多かったので、もし陰でコソコソやろうとしても、間違いなくソッコーで見つかって告げ口されていたでしょう」（同氏）

『私立バカレア高校』がオンエアされた2012年4月当時、AKB48はヤンキードラマ『マジスカ学園』シリーズという人気コンテンツを持っていた。

ジャニーズも同様に日本テレビの深夜枠に注目Jr.を多く出演させていたが、中でもこの『私立バカレア高校』から『Bad Boys J』『仮面ティーチャー』と続く3作は人気が高く、連ドラと劇場版（映画）製作をパッケージにする手法で送り出されていた。

「2012年4月クールの『私立バカレア高校』は、半年後の2012年10月に劇場版を公開。『Bad Boys J』は2013年4月クールのオンエアで2013年11月の公開。『仮面ティーチャー』は2013年7月クールのオンエアで2014年2月の公開。いずれもオンエア終了から3ヶ月ないし4ヶ月後、まだ連ドラの余韻がギリギリ残っているところで劇場版を公開し、動員を図る戦略でした」（同氏）

『私立バカレア高校』からは〝バカレア組〟と呼ばれた6人が誕生。

誰の目にも彼らがそのままユニットを結成し、〝デビューへの道を突き進むのでは?〟と映ったが、実際に6人のユニットが結成されたのは、連ドラのオンエアから約3年の後。デビューまではさらに約4年8ヶ月の月日を要した。

「ほとんど9年間ですからね。メンバーの心だって何回も折れている。それでも一人の脱落者も出なかったのは、バカレア組の6人にはある共通認識、〝同じ想い〟があったからなんです」（同氏）

それこそがジャニー喜多川氏が名付けた〝6つの音〟。

6人が個々の道を極めることで最高のハーモニーが生まれる――その強い意志だったのだ。

最も象徴しているのが、田中樹のこのセリフだろう――。

『SixTONESは誰かと争って1位を目指すグループじゃない。それぞれが自分の目指す道で1位になろうとする人間の集まりだ』

さらに、こう付け加えた――。

『むしろライバルは、自分よりも先に1位になりそうな他のメンバー』

――笑いながらそう語っていた田中。

「『私立バカレア高校』の翌年、北斗くんはMyojoのJr.大賞で事実上の〝大賞〟を受賞。勢いも含め、彼は**『やっとデビュー出来る！』**――と感じていたそうです。ところがその想いとは裏腹に、いつまで経ってもバカレア組の6人でユニットを結成する気配がない。ジャニーズJr.の主演舞台ではジェシーくんと〝2トップ〟のポジションを与えられても、どうしても聞きたいジャニーさんのセリフ**『Youたち今日から○○（グループ名）だから』**――をかけてもらえず、月日だけが過ぎていったのです」（同氏）

そしてJr.大賞の受賞から2年、後輩の岩橋玄樹がJr.大賞の2連覇を飾ったことをきっかけに、松村は決意を固める――。

『辞めたくない。
でも自分の芽はもう出ない。
だから辞めざるを得ない』

――と。

「そんな北斗くんに強烈なパンチ——といっても〝言葉のパンチ〟ですが——を与えたのが、バカレア組以降、Jr.で2トップを張った相方のジェシーくんでした」（同氏）

松村よりも2年半ほどキャリアが長いジェシーは——

『お前はデビューに執着してるだけで、自分のスキルや本当にやりたいことを伸ばしていない。どんなことでも繰り返しコツコツと取り組まなきゃ成長しないし、〝何をやりたい、どうなりたいか〟を口にしないと、何もやらせてもらえないのは当たり前だ』

——と、真っ向から松村のアイデンティティーを否定したのだ。

「ジェシーくんのセリフに『**救われた。自分の考えは幼すぎた**』——と気づかされた北斗くんは、もう一度踏ん張ることを決意。そこにもたらされたのがsix tones（後のSixTONES）の結成だったのです」（同氏）

もしジェシーのセリフがなかったら……などと、恐ろしい〝ｉｆ〟を考えるのはやめにしよう。

ＳｉｘＴＯＮＥＳの結成で――

『Jr.にも大器晩成メンバーがいることを証明しよう』

――そう笑って言える松村北斗になってくれたのだから。

HISTORY 5 ～滝沢秀明がSnow Manに告げたセリフ～

ジャニーズJr.としては、自分たちよりも〝ほとんどのメンバーが後輩〟のバカレア組が脚光を浴び、ファンのムードも「彼らがデビューするに違いない！」と高まる中、メンバーの脱退に揺れていたのがSnow Manの6人（※2012年当時）だった。

「バカレア組が注目されていた頃、結成以来〝事実上の2トップ〟だった真田佑馬と野澤祐樹が当時のMis Snow Manから脱退。彼らは2011年からあの『笑っていいとも』16代目いいとも青年隊としてレギュラー出演（※noon boyz名義）していたので、Jr.の中では圧倒的な一般認知度を誇っていました。そんな2人がいなくなることは、残されたメンバーにとっては不安以外の何モノでもなかったのです」

数多くのジャニーズJr.たちと番組を作ってきたテレビ朝日プロデューサー氏は、

「あの頃の6人を知っている人間にすると、今の堂々とした凛々しい姿は想像出来ない」

――と振り返ってくれた。

「Ｓｎｏｗ Ｍａｎの前身〝Ｍｉｓ Ｓｎｏｗ Ｍａｎ〟が結成されたのは２００９年１月。誰が何と言おうと、あの頃のジャニーさんが真田と野澤のため、２人の受け皿のためにＭｉｓ Ｓｎｏｗ Ｍａｎを結成したのは明白。実際にｎｏｏｎ ｂｏｙｚの活動以外、Ｍｉｓ Ｓｎｏｗ ＭａｎはJr.の中でも目立つ存在ではありませんでした」（テレビ朝日プロデューサー氏）

しかしＭｉｓ Ｓｎｏｗ Ｍａｎ結成直後の２００９年『新春滝沢革命』に出演して以降、２０１０年『新春滝沢革命』『新春人生革命』『滝沢歌舞伎』、２０１１年『新春滝沢革命』『滝沢歌舞伎』、２０１２年『新春滝沢革命』と研鑽を重ね、滝沢秀明の目に止まったことで彼らの運命が変わる。

２０１２年５月に行われた『滝沢歌舞伎２０１２』のステージ上で、遂に心機一転、６人の〝Ｓｎｏｗ Ｍａｎ〟として活動することがサプライズ発表されたのだ。

「しかもグループ名の〝Ｓｎｏｗ Ｍａｎ〟は単純に〝Ｍｉｓ〟を抜いただけではなく、ジャニーさんのテイストを残しつつ、滝沢くんが『**これでいこうか**』――と命名したグループ名だったんです。現在はジャニーズ事務所副社長、ジャニーズアイランド社長として現場の総指揮にあたる彼の、まさに事実上の〝プロデュース第１号Jr.〟と言っても過言ではありません」（同氏）

滝沢秀明が6人に目をかけた理由。

それは舞台にかける熱量、アクロバットをはじめとするパフォーマンスのレベル、高みを目指す飽くなき向上心。

そして滝沢の口から――


『今のJr.ではSnow Manが一番いい』


――とデビュー組の先輩たちに伝わると、Snow Manは多い年で年間200ステージもバックダンサーを務める〝売れっ子〟になっていく。

「さらに『私立バカレア高校』『Bad Boys J』『仮面ティーチャー』と続いた3作のうち『Bad Boys J』に岩本、深澤、渡辺の3人が出演。それも主人公を演じたSexy Zone・中島健人を支える仲間の役で、いわゆる〝準主役〟ポジションの役を与えられたのです。この『Bad Boys J』に出演したことで、完全に〝バカレア組〟の一人勝ちだった流れを、今度は彼らが奪い獲ったのです」(同氏)

しかし『Ｂａｄ Ｂｏｙｓ Ｊ』に出演した3人は、Jr.の仲間でもあるバカレア組の〝1年間〟を見ていただけに、浮かれることなく――

『Ｓｎｏｗ Ｍａｎとしてやるべきことをキッチリとやっていこう』

――と、互いの意識を改めて確認するに留まったそうだ。

「ファンの反響、本人たちの意識、そしてマスコミの反応。どれを取っても〝デビュー間近〟のバカレア組にまったく動きがない。動きがないどころか、むしろ本人たちが日に日に憔悴していく姿を見て、Ｓｎｏｗ Ｍａｎ結成時に滝沢くんに告げられたセリフを噛み締めていたといいます」（同氏）

その時、滝沢が彼らに告げたセリフがこれだ――。

『デビューの神様が見ているのは、その一瞬の〝ノリ〟や〝勢い〟じゃない。努力や実力を少しずつコップに溜め、あと1滴で溢れる状態にならなければ神様は微笑まない』

言い換えれば――

『お前らはまだまだデビューを語れる、目指せる場所にいない』

――ということだろう。

「だから3人はもちろん、阿部くん、佐久間くん、宮舘くんの3人も『**自分の武器に磨きをかけなければならない**』――と、より一層、レッスンに励んだそうです。『Ｂａｄ Ｂｏｙｓ Ｊ』以降は個人仕事が増えた彼らですが、それも『**Ｓｎｏｗ Ｍａｎの活動に支障が出る仕事は、どんなに大きくても受けない**』――と、頑なに貫いたと聞いています」（同氏）

そのこだわりと姿勢こそが、「近年のデビュー組の中では最もレベルが高い」と評価されるパフォーマンスへと繋がっていったのだ。

「この話を聞いて頂ければ、〝Ｓｎｏｗ Ｍａｎがなぜ滝沢くんに可愛がられたのか〟の理由がおわかりだと思います。しかし真田くんと野澤くんが在籍していたＭｉｓ Ｓｎｏｗ Ｍａｎ時代はともかく、6人のＳｎｏｗ Ｍａｎとして活動を充実させていたこの頃、彼らが受けていた滝沢くんからの寵愛が、思わぬ波紋を広げてしまったのです」（同氏）

それは共にJr.の仲間として頑張ってきた、他のユニットからの〝攻撃〟。

さらには期間限定の後輩ユニット〝Mr.KING vs Mr.PRINCE〟の結成が、一枚岩だったはずのジャニーズJr.に大きな亀裂を入れてしまったのだ——。

HISTORY 6 〜彼らが〝動かなかった〟理由〜

2018年5月23日、後にアッという間にスーパーアイドルの道を駆け上がる超人気グループ〝King & Prince〟が、TBS系連続ドラマ『花のち晴れ〜花男Next Season〜』の主題歌『シンデレラガール』で華々しいデビューを飾った。

「すでに期間限定ユニット〝Mr.KING vs Mr.PRINCE〟として、2015年のテレビ朝日『SUMMER STATION』イメージキャラクターに就任。さらに翌年からの2年間はMr.KING単独でイメージキャラクターを務めていた彼らですから、誰もが近い将来のデビューを予見していましたし、デビュー後の大ブレイクも約束されていたようなもの。岩橋玄樹くんの病気療養が1年を越えて少し長くなってきましたが、それでもメンバーもファンも彼の復帰を信じ、王道アイドルとしてジャニーズの先頭を走っています」(某アイドル誌ライター)

以上がほとんどの皆さんがご存じの、King & Prince〝デビュー前後〟のごくごく簡単なプロフィールだ。

しかしここには決定的な一文が抜けている。

まずは先ほどの〝HISTORY②〟、この部分を思い出して頂きたい。


〜もちろんB.A.D.の2人が直訴したことは、東京Jr.にも伝わっていただろう。

しかしSixTONESとSnow Manは彼らの後を追わず、ひたすら精進を続けるのみだった。

さらには2017年に今度は後輩のKing Princeが直訴に出ても、その態度を崩さない。

それは一体、なぜなのか？

果たして彼らには〝動けない〟特別な理由でもあったというのだろうか。〜

2017年9月、当時〝Mr.KING〟〝Prince〟のメンバーだった6人は、ジャニー喜多川氏に――

『このメンバーでデビューしたい』

――との直訴を願い出る。

直前に行われた『SUMMER STATION』ライブイベントで同じステージに立ち、「やっぱりこの6人が最高！」との想いを強くしたのがその理由だが、ここでジャニー氏はある〝決めゼリフ〟で6人を跳ね返したのだ。

「跳ね返されたのはKing & Princeに限ったことではありません。直訴とまではいかずとも、ジャニーさんとの雑談の中で〝早くデビューしたい〟〝いつデビュー出来るの？〟と口にしたJr.に対し、必ず返す一言ですから」

話してくれたのはテレビ朝日『ガムシャラ！』担当ディレクター氏だ。

「番組は前年（2016年）4月に終わっていましたが、『SUMMER STATION』のライブには関わっていたので、彼らが『いつジャニーさんの所に行く?』――などと話していた姿からも〝そういう行動（直訴）もあり得るな〟……とは感じていました。ただし、〝あのセリフにはぐうの音も出ないだろうな〟とは思っていましたけど」（『ガムシャラ!』担当ディレクター氏）

そのセリフこそが――

『Youは何でデビューしたいの?
コンサートやって舞台やって、ドラマやバラエティにも出て。
Jr.のままでも、やってることは（デビュー組と）同じだよ』

――の一言だった。

「ジャニーさんはデビューを口にするJr.に対し、ずっとこのセリフを返してきました。どんな答え、反応を返してくるかを見るのが楽しみだそうで、そのJr.の意志や情熱、やる気を見極めるのだとか。当然のように、何も言えずに黙ってしまっては先に進めない。しかし大半のJr.が何も言えず、中には泣き出してしまう者もいたと聞いています」（同氏）

デビューするだけでいいなら話は簡単。だが先のビジョンを示せないJr.をデビューさせても、苦労するのは本人なのだ。

結果的にMr.KINGとPrinceの直訴は認められ、翌2018年1月17日、所属レコード会社でデビュー会見が行われた。

ところがこのKing & Princeの行動に猛反発したのが、当時〝Love-tune〟のメンバーたちだったという。

「だってKing & Princeが直訴した半年ほど前、彼らをはじめJr.の中心メンバーがレッスン場に集められると、ジャニーズ事務所の有名振り付け師に『**もうJr.からはデビューさせない**』――と告げられ、デビューの夢を粉々にされていましたからね。今後の身の振り方、進路に悩んでいた彼らにしてみれば、〝**そりゃないだろう**〟――の気持ちにもなりますよ」（同氏）

確かにそう思うに違いない。

「するとLove-tuneは敵意を剥き出しにし、『直訴すりゃいいんだろ?』――とジャニーさんに詰め寄ろうとした。ところが〝今さら遅いよ〟と面会すらさせてもらえず、〝ならば〟とSnow ManやSixTONESに〝共闘〟を申し出たのです」(同氏)

Love-tuneには元Mis Snow Manの真田佑馬をはじめ、同じ時代をJr.の仲間として切磋琢磨した安井謙太郎、諸星翔希、森田美勇人、萩谷慧悟、阿部顕嵐、長妻怜央らのメンバーがいる。

いくら相手がジャニー喜多川氏、ジャニーズ事務所上層部であろうと、Love-tune、Snow Man、SixTONESの3組がタッグを組めば、絶対に譲歩を引き出せる自信がある――と、Love-tuneを代表して安井謙太郎が声をかける。

しかしSnow Man、そしてSixTONESのメンバーは〝動かなかった〟のだ。

自分たちが共闘しなければ、Love-tuneは単なる〝反乱〟で終わってしまうことは誰もがわかっていたし、一枚岩のジャニーズJr.に大きな亀裂を残すことになりかねない。

それなのになぜ、彼らは同調しなかったのか?

「滝沢くんから自身の引退と後継者就任を聞かされていて、〝自分が後継者になった時には『お前たちをデビューさせる』約束手形を受け取っていた〟……などと噂する関係者もいました。袖にされた形のLove-tuneメンバーの一部はそれを真に受け、Snow Manが集まるレッスン場に怒鳴りこんできたほど。でもメンバーの本心は、もっと単純だったのです」（同氏）

そう、すでにSnow ManとSixTONESは、ジャニーさんから跳ね返され、ぐうの音も出なかったのだ。

「直訴まではいきませんが、ジャニーさんと舞台終わりに食事に行った際、冗談混じりで『**デビューしたいな～**』――と口にし、先ほどのセリフを返されていたのです。その上でジャニーさんを納得させる、デビューを認めさせるだけの答えが用意出来ていなかっただけの話。2組ともLove-tuneを説得したものの、相手は〝振り上げた拳〟を最後まで下ろしませんでした」（同氏）

こうして2018年、ファンの皆さんには残念なLove-tune退所が決まってしまう。

一歩間違えればSnow Man、SixTONESも同じ道を辿っていたかもしれない。

そして〝誰もデビュー出来ない〟はずのジャニーズJr.には、意外な展開が待っていたのだった――。

HISTORY 7 〜YouTube開設で見い出された才能〜

『去年の3月からYouTubeをやり続けてきて、
その結果というか、確かに再生回数やチャンネル登録者数で反響はわかるんだけど、
でもそれが自分たちにどれだけ役に立ってるのか、何のスキルを得たのかみたいなのは、
実際にはまったく実感がなかったわけですよ。
それが『7G』でお笑い第7世代の皆さんと番組を作りながら、自信とまでは言わないけど、
「あれ？ 俺たちそこそこやれてない!?」——みたいな微かな手応えを感じて、
やっとYouTubeの経験が自分たちに反映されてきたのは本当に嬉しい。
次はそのYouTubeで、
SixTONESに負けているチャンネル登録者数を抜くだけですね（笑）』〈岩本照〉

フジテレビで不定期に放送されている『7G ～SEVENTH GENERATION～』に出演し、四千頭身、さや香、さすらいラビーら〝お笑い第7世代〟と呼ばれるメンバーと様々なテーマで対決するSnow Man。

2019年8月にオンエアされた第1弾では飛び込み台での一発芸や激辛グルメバトルに体を張り、さらに過激化した上にクリスマスのオンエアに相応しい（？）第2弾は、〝脱毛しながら綱引きタイマンバトル〟〝ミス7Gガチ女装バトル〟など、アイドルであることを忘れなければ勝負にならない、進行役の西野亮廣（キングコング）が心配するほどギリギリの戦いを強いられた。

「メンバーはリアルにゴールデン昇格を目指していて、堂々と『**嵐さんが活動休止に入ったら『VS嵐』の枠を頂く**』――なんて話してますよ。さらに『**いや、ゴールデンが空いたら俺たちとキンプリが入れ替わるんじゃね？**』――とボケたり、トークの腕も上げてますよ」

そんなSnow Manを見守る番組スタッフ氏は、

「岩本くんが言う通りYouTubeのムチャぶりで鍛えられていれば、今の〝コンプライアンス漬け〟のテレビ界では怖いものなしでしょう。第3弾以降は、それぞれが相手に対して〝これは出来ないだろう〟と課題を与えるような、そんな企画も考えています」

――と、今から楽しみで仕方がない表情を浮かべる。

確かに、メンバーの言葉にあるように「嵐さんが活動休止に入ったら『VS嵐』の枠を頂く」ぐらいの気持ちを前面に押し出してくれないと面白くない。

さらにYouTube効果が他のグループにも広がれば、ジャニーズ内部を勝ち抜けなければ〝バラエティ番組に出演することが出来ない〟など、様々なパターンの企画が生まれてくるだろう。

そんなSnow Man、そしてSixTONESはデビュー決定を受けて〝ジャニーズJr.チャンネル〟から卒業し、すぐに個々のチャンネルを開設。

今年の正月休みが明ける時点でSnow Manのチャンネル登録者数がおよそ22万7千人、一方のSixTONESのチャンネル登録者数はおよそ39万9千人。

その差17万人以上もSixTONESのほうが多いのは、チャンネルを開設してから5ヶ月のSixTONESに対し、Snow Manはまだ開設1ヶ月未満だから（※現在）。それに正月の時点で投稿されていたのはデビュー曲『D.D.』YouTube版ミュージックビデオだけだったが、それでも公開10日間で再生回数は330万回を軽く越えていた。

さて、ジャニーズ事務所が公式にインターネットコンテンツに進出したＹｏｕＴｕｂｅ〝ジャニーズJr.チャンネル〟は、間もなく開設から1年（3月21日配信開始）を迎えようとしている。

基本的に週1の新着動画を5グループが投稿し、さらに不定期でグループの垣根を越えたコラボ動画を投稿。スタート時から参加しているＴｒａｖｉｓ Ｊａｐａｎ、Ｈｉ Ｈｉ Ｊｅｔｓ、美 少年に加え、現在では卒業したＳｉｘＴＯＮＥＳの後継者として7 ＭＥＮ 侍、Ｓｎｏｗ Ｍａｎの後継者として少年忍者が参加している。

それにしても先ほど～そして「誰もデビュー出来ない」はずのジャニーズJr.には、意外な展開が待っていたのだった～と振ったのが、まさにこのジャニーズJr.チャンネルのことで、実はチャンネル開設に向けてジャニーズ事務所とＹｏｕＴｕｂｅ側が調整に入ったのは、その「デビュー出来ない」宣言が飛び出す半年ほど前のことだったのだ。

「ネットコンテンツの参入はジャニーズアイランドが進めていて、ネット嫌いのメリー喜多川副社長（※当時）も、**『Jr.ならいいわよ』**――とゴーサインを出したのです。もちろんＹｏｕＴｕｂｅ側との打ち合わせ、実作業を担当したのは、滝沢くんから直接指令を受けた右腕スタッフ。2017年の夏には正式に契約が結ばれ、2018年3月5日に公式発表されました」（前出・番組スタッフ氏）

自分たちは〝デビュー出来ない〟のに、自分たちを主役にした企画は進んでいく。
この頃、岩本はその複雑な胸中をこんな言葉で滝沢にぶつけていたそうだ――。

『デビューしていないJr.なのに、
デビューしている先輩たちが〝やりたくても出来ない〟夢を叶えていく。
すげえワクワクするほど面白そうな企画ですけど、
本来の夢（デビュー）は遠ざかって消えるだけ。
何て言えばいいんですかね？
このモヤモヤした気持ち』

ただ黙って聞いていただけの滝沢は、心の中で――

『（頑張った子が報われるジャニーズJr.にしなきゃいけない）』

――と、何度も何度も繰り返していたという。

これは滝沢に近いスタッフから前出・番組スタッフが聞いた話だが、滝沢は——

『面白い動画を作らせることは大切だけど、その動画の中から、投稿したグループの才能や可能性も見つけてくれ』

——と、スタッフたちに命じたそうだ。

それはつまり、このステージまで上がってきたJr.たちの才能を開花させてやりたいから。

そういう意味だ。

流行っているから、時代に乗り遅れているからYouTubeとタッグを組んだわけじゃない。

表現するステージが増えれば、それまで見つけることが出来なかった才能や長所に〝大人たちが気づいてやれる〟。

そのことこそ、滝沢秀明が意図する「YouTubeに参入する意義」だったのだ。

HISTORY 8 ～輝く未来へ～

Snow ManとSixTONES――ファンは2組をまとめて〝スノスト〟と呼んでいるが、2020年1月22日『D.D.』『Imitation Rain』で同日デビューさせることでもおわかりの通り、滝沢秀明ジャニーズ事務所副社長は、徹底して〝対決姿勢〟を煽ることを今回のセールスコンセプトにしている。

おそらくそこには、〝スノスト〟とまとめて呼びたくなるような〝チーム感〟は存在していないだろう。

「YouTubeの個別チャンネルをスタートさせた時から、Snow ManとSixTONESはすべてにおいて〝競わせる〟環境に置かれてきました。目に見える数字をモチベーションとすることで、彼らは常に競争意識を高めることができる。さらにYouTubeのチャンネル登録者数よりも気になるのが、昨年11月20日からスタートした個別ファンクラブ（ファミリークラブ）。今年の正月、休み明け時点での会員数はSnow Manが14万人弱、SixTONESが18万5千人弱と、デビューを前にしての優位はSixTONESに決まったようです」（某芸能ライター）

基本的にジャニー喜多川氏は、同じ年度に複数のグループをデビューさせることは稀だった。

テレビ局から新人に来るオファーは決して多くはないし、先輩グループの冠番組にコネクション枠でねじ込むにしても、年に何組も新人ばかりを優遇してはもらえないだろう。

複数グループがライバル同士として仕事を喰い合わないように調整する――それがジャニー喜多川流マネージメントの基本中の基本。

「近年でいうと、2011年にKis-My-Ft2とSexy Zoneが同年度にデビューしています。それでも片や深夜のバラエティ番組を主戦場にすれば、片やバレーボールW杯の応援サポーターがメイン。新人でも棲み分けを作ること、それがデビューさせた子供たちに対するジャニー氏なりの〝責任の取り方〟でした」

何百人ものジャニーズJr.の中から台頭した者に対しては、他の誰よりもジャニー氏こそ、ドライに見えて〝ファミリー〟感を大切にするプロデューサーだったのだ。

「長くJr.を経験してデビューしたグループは〝互助会〟的と言いましょうか、先輩たちが〝お疲れさ～ん〟みたいなノリで受け入れてくれた。しかし滝沢くんは、その慣習を良しとしていないようです。Ｓｎｏｗ ＭａｎとＳｉｘＴＯＮＥＳの当人同士はもちろんのこと、それぞれに関係する内外のスタッフ、彼らを支えるファンの皆さんを含め、オールインクルーシブで〝対決〟を煽る方向に導いていますからね」

話してくれたのは、ジャニーズ事務所の内情に詳しい日本テレビのディレクター氏だ。

「ＣＤデビューの発表こそ２０１９年８月８日でしたが、滝沢くんは向井康二、目黒蓮、ラウールの３人をＳｎｏｗ Ｍａｎに加入させた２０１９年１月には『**１年後にデビューさせる。それまで徹底的にライバル関係に置いて鍛える**』――と、オフレコで話していましたよ。誰も口にしなかったのは、それがまるでジャニーさんの育成方法を反面教師にしているかのような口振りだったからです」（日本テレビディレクター氏）

おや？ ２組のデビューが決まったのは、ジャニー喜多川氏が倒れる少し前の話だったのでは……と、野暮なツッコミはご遠慮頂きたい。

これはあくまでも２０１８年いっぱいでタレントを引退した滝沢氏が、正式な後継者かつプロデューサーとしてスタートを切る、その過程でのエピソードなのだから。

2018年にタレント活動と裏方を同時進行させ始めた頃、すでに滝沢は——

『Snow ManとSixTONESを比べてみると、
どうしてもSnow Manの駒不足が気になるんだよな』

——と思案していた様子だったという。

「とはいえ、形の上ではジャニーさんが選んだメンバーを、滝沢くんが勝手に入れ換えることは許されません。そうなると結論は一つ、Snow Manのウィークポイントを補うメンバーを増員するしかない。まずはボーカル面でラウールくん、MC面で向井康二くん。そして岩本くんとラウールくんがツインタワーっぽく悪目立ちするのを避けるため、長身でパフォーマンスレベルの高い目黒蓮くんを追加加入させた。プロデューサーとして明確な意図を示す、適切な3人の加入だったと思います」(前出・日本テレビディレクター氏)

その頃の滝沢氏はラウールを加入させた理由について――

『僕もタレントとしてジャニーズ事務所に24年近く所属しましたけど、その間に接してきた数千人の新人Jr.の中で、〝誰よりも計り知れない可能性を感じさせたのが彼だったから〟――としかお答えのしようがありません』

――と、本心を吐露していた。

また最も気になるのは受け入れ側の意識。

それについては岩本照、深澤辰哉、渡辺翔太がこんな風に答えている――。

『僕らとしては実際に複雑なところがないわけではないけど、
でも自分たちでも〝何かが足りない〟ことはわかっていて、
それを埋めてこられなかったのは自分たちの責任。
新しいメンバーが加わり、化学反応が起こるほうが楽しみ』〈岩本照〉

『3人とも性格がいいし、
前からそれぞれのグループや関西Jr.で注目していたメンバーだし、
一緒にやれるのは単純に嬉しいですよ。
確かに6人の期間が長かったから、3人は慣れるまで苦労するかもしれない。
でも個人的には心配してないよ。
だってグループが変わってもやることは変わらないんだもん』〈深澤辰哉〉

『いやいや、全然ウェルカムでしょ!
だってジーコ(向井康二)がウチに来るってなったら、
すぐに大我から連絡があって「ウチにくれよ」って言われたぐらいだもん。
俺たちがパワーアップしたのはSixTONESも認めてるし、
関西Jr.のみんなには申し訳ないけど、
これからはSnow Manのジーコならぬ〝コージ〟で頑張ってもらわなきゃ』〈渡辺翔太〉

King & Princeのデビューで、2018年の夏以降のジャニーズJr.関連コンサートや舞台のポスターは、中心に映るメンバーのポジションがポッカリと空いてしまった。

次にそこに収まるのは「HiHi Jetsか、美 少年か」と言われていたが、フタを開けてみればSnow Manであり、SixTONESでもあったのだ。

「そのSnow ManとSixTONESがデビューすれば、HiHi Jetsや美 少年ならば〝勝てる!〟と踏んで、なにわ男子をはじめとした関西ジャニーズJr.の勢いが増すでしょう。実は滝沢くんはそこまで見越していて、スノストの対決ムードを煽っていたのではないでしょうか」(前出・日本テレビディレクター氏)

同時CDデビューの10日後、Snow Manはタイ・バンコクで開催される『Japan EXPO Thailand 2020』の音楽イベントに出演。デビュー後に客前でパフォーマンスを披露するのは、その場が初めてとなる。

「かつて実兄と〝ムエタイ向井ブラザーズ〟を組み、日本とタイのハーフである向井くんに注目が集まりますが、この仕事を積極的に受けたのはもちろん滝沢くん。Jr.時代からタイとは関わりが深く、バンコクから車で2時間ほどのビーチリゾート・パタヤで行われた〝PATTAYA MUSIC FESTIVAL〟にも出演経験があり、今回もプロデューサーとして同行するといいます。現地にはジャニーさんと古いつき合いの大手エンタテインメント企業もあり、噂ではそこのトップにSnow Manを直で売り込むつもりとも。そろそろ日程が発表されるアジアツアーに向けても、バンコクは重要な拠点の一つですからね」(同氏)

そして1月4日の横浜アリーナを皮切りに、3月29日の札幌・真駒内セキスイハイムアイスアリーナまで、全国5会場18公演で22万人超を動員するアリーナツアー『TrackONE-IMPACT-(トーンインパクト)』真っ最中のSixTONESは、あり余るほどの情熱を事実上の〝デビューツアー〟にぶつけている。

「SixTONESはすでに昨年の秋からクリスマスにかけ、ジャニーズJr.として最後のホールツアー(14会場 18公演)を行いました。滝沢くんに言わせると『**SixTONESはまったく心配していない。むしろ少し手綱を緩めたコンサートツアーで完全燃焼し、ファンとの一体感や絆をもっともっと構築して欲しい**』――そうで、彼らの性格や特性を熟知しているからこそ、放任主義で様子を伺っています。なるほどここまでのスノストを見る限りは、間違いなく〝対決姿勢〟を露にしたセールスコンセプトは成功に向かっているように思いますね。もちろん本当の結果は1年やそこらで出るものではありませんし、今は次の展開、〝さて2ndシングルはどうするの?また同日発売にするんだよね?〟……が気になるところ。果たして滝沢くんの決断は、いかに――」(同氏)

滝沢秀明プロデューサーが満を持して送り出した2組。

Ｓｎｏｗ Ｍａｎ、ＳｉｘＴＯＮＥＳ――

彼らの行く手には、滝沢プロデューサーが与える数々の課題や試練が待ち受けていることだろう。

しかし彼らならば、どんなに高い壁や障害も乗り越えていくはずだ。

このライバル2組の行く先には、光り輝く未来が待っているのだから――。

2nd Chapter

Snow Man

岩本照が理想とする〝リーダー像〟

岩本照は滝沢秀明氏に、こんな問いかけをしたという——。

『デビューする前、厳密に言うと一昨年までのSnow Manなら、
俺もリーダーとしての責任やプレッシャーを感じたことはないし、
それが良いか悪いかは別として、歌番組の司会の人に「リーダーは誰ですか?」と聞かれた時、
何のためらいもなく手を挙げることが出来たんです。
でもメンバーが9人になって、東京ドームでSixTONESとの合同デビューが発表されて、
ふと最近「リーダーは俺でいいのか? もっと相応しいメンバーがいるんじゃないか?」——って、
無意識に考えてる自分がいる。
きっと滝沢くんは俺に、このタイミングで考えるべきことを与えてくれているんですよね』

Ｓｎｏｗ Ｍａｎのメンバーが6人だった頃、彼らはジャニーズには珍しく92年組と93年組、わずか2学年の間にメンバーが集中する珍しいグループだった。

「2人組とか3人組ならともかく、6人もいて2学年、つまり一つしか年が変わらないグループ、僕には他に思い当たりません」

テレビ朝日『ガムシャラ！』元担当ディレクター氏は、

「確かに年が近いだけあって、Ｓｎｏｗ Ｍａｎの空気感というかチーム感というか、それは他のグループとは一線を画してました」

――と振り返る。

「彼らのアクロバットやパフォーマンスは、少しでも息が合わなかったら大ケガに繋がってもおかしくないような、つまり並のアイドルがひょいっと手を出すものとは次元が違います。レベルが高くなればなるほど、求められるものもより精密で高度なテクニック、無尽蔵の体力も必要になってくる。個人的にはレベルの高いパフォーマンスやアクロバットを追求するために、あえて同世代のメンバーを集めたんじゃないかと思ってます。生きてきた時代や流行、文化に共通点が多いほど、人は阿吽の呼吸が通じるものですからね」(『ガムシャラ！』元担当ディレクター氏)

Mis Snow Manのメンバーとして集められたのは2009年だから、当時15~16才の年令の彼らに〝同じ時代を生きた〟というほどの共通性はなかっただろう。ただし、言いたいことと言っている意味はよくわかる。

「ジャニーズのデビュー発表に〝サプライズ〟的な要素が持ち込まれたのは1995年のV6、〝トニセンとカミセン〟からでしょう。当時、リーダーの坂本昌行くんは最年少の岡田准一くんと9才の年齢差をよくネタにしていました」(同氏)

ちなみにSnow Man最年長の深澤(1992年5月5日生まれ)と最年少のラウール(2003年6月27日生まれ)の年齢差は、11才1ヶ月と3週間。

坂本と岡田の9才4ヶ月差を優に上回る。

『個人的には、リーダーは、ふっかのような最年長がいい――とか年令の話ではなく、俺自身は「年下だけど康二にやらせてみたら面白いんじゃないかな?」――と思ってます。さすがにあの〝うるさい〟関西ジャニーズJr.をまとめていただけのことはあって、メンバーみんなに気が回る男。

Ｓｎｏｗ Ｍａｎのリーダーに必要なのは、この9人所帯の隅々にまで気が回る、康二の観察力や気遣いだと思うんですよね。俺みたいに昔気質というか、何も言わずに〝背中についてくればわかる〟みたいなタイプは、令和の時代には通用しない』

――こんな岩本の気持ちを受けた滝沢氏は、どう答えたのだろうか。

驚いたことに滝沢氏は岩本に、こう告げた――。

『お前が代わりたいなら代わればいい』

しかしもちろんそれだけではなく、こんなセリフも――。

『だけどリーダーを交代して、お前自身は何が変わるんだ？
責任がなくなって清々した？
気が楽になった？
お前はその程度のことを目指していたのか。
何かを変えなきゃいけないと思っていたんだろ？
それは何だ？』

――こう言われた岩本は、腕組みをしたまま固まってしまったそうだ。
リーダーが交代して、何が変わるのか。
何を変えたくてリーダーを交代しなきゃいけないのか。

『その答えは今、お前自身が出していたじゃないか。
お前の理想とするリーダー像に康二が近いんじゃなく、お前自身が近づけばいいだけだろ？』

――滝沢氏は岩本にそう問い返したそうだ。

『人に答えを求めるのではなく、自分が答えになればいい』

——滝沢氏は岩本にそう教えてくれたのだ。

「どうも岩本くんは、こうと決めたら思い込みが激しいというか、そんなタイプですね（苦笑）。だからこそ、そんな岩本くんが引っ張っていくＳｎｏｗ Ｍａｎには限りない可能性を感じてしまうのです」（前出・ディレクター氏）

岩本照という男、実はこれほどまでに純粋で、しかも猪突猛進のタイプだったのか。
そしてもちろん、Ｓｎｏｗ Ｍａｎのリーダーが交代するはずもない。
岩本照は〝リーダー〟として、Ｓｎｏｗ Ｍａｎをこれからも引っ張っていくのだ——。

深澤辰哉が積み上げてきた〝夢〟

『ジャニーズJr.って世間が思うよりも派閥があって、どの先輩の系統に組み込まれているかで、ぶっちゃけ生活が出来るか出来ないかぐらい、仕事量にめちゃめちゃ差が出るんです。
ウチはそれでもほとんどの派閥と仲良くやれたタイプだけど、
出来るだけ派閥の色を出さないほうが、当たり前だけど（バックダンサーの）声がかかりやすい。
そのあたりは言葉で説明するのは難しいから、実際に踊って説明したほうが早いかも（笑）』〈深澤辰哉〉

皆さんもご承知の通りジャニーズJr.の最も重要かつ大切な仕事は、先輩グループ（またはソロ）のバックダンサーとしてライブを盛り上げることに他ならない。

「深澤くん、阿部くんの同期で先にデビューしているメンバーには、Hey! Say! JUMPの山田涼介くんや中島裕翔くん、A.B.C-Zの橋本良亮くん、さらには中山優馬くんもいます。深澤くんは普通の先輩だけではなく、彼らのような〝同期〟からも頼られているので、余計にバックダンサーの引き合いが多かったんですよね」

某アイドル月刊誌で仕事をし始めたのが「それこそ20年前」というベテラン芸能ライター氏は、実は筋金入りの〝Jr.好き〟。デビュー組のコンサートも「7割ぐらいはJr.のどの子が出演しているのかをチェックする時間」というほど。

「あくまでも気持ち、心情的な部分だけでいえば、同期のJr.として共にレッスン漬けの日々を送った相手だからこそ、〝バックダンサーに付きたくない〟気持ちのほうが強かったのではないでしょうか。でも深澤くんと阿部くんは喜んでバックに付いた」(ベテラン芸能ライター氏)

深澤と阿部は、同期から――

『バックダンサーをやってくれない?』

――と頼まれると、喜んで駆けつけたそうだ。

その結果、バックダンサーに付いたグループの他のメンバーからお誘いがかかるようになったという。たとえばHey! Say! JUMPなら薮宏太と八乙女光。たとえばA.B.C-Zなら河合郁人や戸塚祥太らが食事に誘ってくれたのだ。

「彼らは**『ウチの山田と中島が同期だとやりにくかったんじゃないか?』『橋本の代わりに俺らがご馳走するからさ』**――と、太っ腹なところを見せてくれた。こうして深澤くんと阿部くんは先輩たちと交流を深めていったのです」(同氏)

Snow Manとしてデビューした今、そうした交流が深澤と阿部にとって貴重な財産になっている。

そして深澤と阿部が、Snow Manとして東京ドームで躍動する姿こそ、「まさにJr.ウォッチャーの醍醐味でした」と振り返るベテラン芸能ライター氏は、次は深澤や阿部が後輩のJr.を指名し、バックダンサーに付ける日が待ち遠しいと語る。

「ジャニーズJr.を応援し続ける気持ち、深澤くんや阿部くんもわかっているはずで、きっとステージの上から**『俺の後輩、こいつらをヨロシク!』**――とメッセージをくれるでしょう。あっ、言うまでもなくテレパシーで(爆)」(同氏)

深澤や阿部のような先輩がいるからこそ、ジャニーズJr.は〝夢に向かって走り続けられる〟のだろう。

そしてまた彼らもSnow Manとして、新たな夢に向かって走り出したのだ――。

ラウールが抱えている〝ある問題〟

『Ｓｎｏｗ Ｍａｎに入ってからレッスンが厳しくなったりドラマに出たりしたからか、
「仕事が終わってからどこかに遊びに行きたい」とか、そういう気持ちがなくなったみたいです（笑）。
基本はインドア派で、たとえば外出しなきゃいけない時も、
2日続けて外出する約束は絶対にしないです』〈ラウール〉

滝沢秀明氏はラウールをＳｎｏｗ Ｍａｎに合流させた理由について、かつてこんな本音を語っていた――。

『僕もタレントとしてジャニーズ事務所に24年所属しましたけど、
その間に接してきた数千人の新人Jr.の中で、誰よりも可能性を感じさせたのが彼だった。
ちょうど僕が裏方に回る決意をした時、そんな素材が目の前にいたのも〝運命〟でしょう』

ジャニー喜多川氏の薫陶を受けた先輩たちが現役バリバリで活躍している中、タレントを引退してまで後継者の道を歩み始めた滝沢秀明氏。

「ラウールに関するこの発言が、そのまま滝沢くんの〝最初の評価〟に繋がる。ラウールくんが売れるかどうかで、プロデューサーとしての資質まで問われてしまう」

――と、テレビ朝日『ミュージックステーション』プロデューサー氏は危惧するのだ。

「たとえジャニーズ事務所のアイドルでも、過去20年ぐらいの間にデビューしたグループで驚異的な人気を継続することが出来たのは〝全盛期のKAT-TUNとKing & Prince しかいない〟のがテレビ界、音楽界のごく一般的な認識です。嵐にしてもデビュー2年目から地獄を見ていますし、他のグループに至ってはデビュー曲での〝ご祝儀売上げ〟を越えることすら出来ていません」(『ミュージックステーション』プロデューサー氏)

音楽ソフトの形態やリスニング環境の変化もあり、それこそ2～3年前からCDは〝消えゆく運命〟にあることはもはや常識。それなのに〝改革派〟の滝沢氏がSnow ManのCDデビューを急いだのは、無謀な挑戦だったのではないか――そんな声も一部からは聞こえてくる。

しかし、すでに〝ヒストリー〟の章でお伝えしたように、岩本照、深澤辰哉、渡辺翔太の旧Snow Manメンバーは、新たに加入した3人のメンバーを純粋に〝戦力〟として捉えている。

ならば、事実上〝滝沢秀明プロデュース第1号〟グループの前途は明るいと断言できる。

それにしてもラウールの発言――

『基本はインドア派で、たとえば外出しなきゃいけない時も、2日続けて外出する約束は絶対にしないです。
だからだと思うけど、友だちもどんどんと減って、今は目黒だけが心の支え。
目黒と2人でいられるなら、ファミレスでもファストフードでもラウン○ワンでも、どんな場所だって嫌じゃないよ！』

いくらグループ内で一番年令が近いからといっても、目黒蓮におんぶにだっこではいささか困るのでは？

極端な出不精と人見知りのラウールだが、おそらくはデビューを機にその意識にも徐々に変化が生じてくるだろう――。

〝役者・渡辺翔太〟を成長させた貴重な経験

『きっとSnow Manのデビューが決まっていても決まっていなくても、
あのタイミングで俺が『頭取 野崎修平』に出演することは出来ていたと思う。
だから織田裕二さん、松嶋菜々子さんとも共演させて頂けていたと(思う)。
でも、もしデビューが決まっていないジャニーズJr.のままで出演していたら、
織田さん、松嶋さんとの芝居から感じること、
説明しにくいけど全然違っていたと思うんですよね。
ちょうどオンエア期間にデビュー日を迎えたことで、
このドラマも一生の思い出になりましたし。
あとは監査役、頭取と続いたシリーズが第3弾まで制作されるのか?
俺の役は野崎頭取(織田)、立川常務(松嶋)側。
次は係長ぐらいで出られるといいな』

2020年1月19日にスタートした、WOWOW〝連続ドラマW〟『頭取 野崎修平』(全5回)。前作『監査役 野崎修平』は2018年の同時期に全8話でオンエアされ、良質のドラマを制作する連続ドラマW枠の中でも高い評価を得られていた。

かつて渡辺翔太が出演した『BAD BOYS J』制作スタッフ氏は、2013年に連ドラと劇場版が公開されてからも、少なくとも年に1回は食事会を開く関係を続けているという。

「〝会っていなかった間はどんな仕事をしていたの?〟みたいな近況報告会ですよ。でもそうやって定期的に顔を合わせると、その間の成長や、逆に苦労して悩み抜いた末に彼なりの答えを見つけた話とか、いろんな顔を知れるから楽しいですよ」(『BAD BOYS J』制作スタッフ氏)

この『頭取 野崎修平』への出演も、昨年春の食事会の席で聞かされていたらしい。

「とにかく織田裕二さんや松嶋菜々子さんとの初共演を楽しみにしていて、しかも**『風間(俊介)くんも一緒なんです!』**――と、先輩との共演にも喜びを隠しきれないといった表情でした。織田さんの敵役になる小澤征悦さんとの共演も楽しみにしていましたね」(同氏)

織田裕二、松嶋菜々子をはじめ、前作から岸谷五朗、瀧本美織、駿河太郎、西田尚美、宇梶剛士、古谷一行ら多くのキャストが続投する中で、渡辺がそこまで小澤との共演を楽しみにしていた理由だが、本人が言うには――

『山ちゃん（山田涼介）のドラマで、
ドSだけど実は弟想いのお兄さんを演じてらっしゃったじゃないですか。
『なんちゃって冬』みたいなタイトルの……』

――『もみ消して冬』（日本テレビ）のこと？

『それそれ！
そのドラマで小澤さん、メイドカフェの沼にハマっちゃうんですけど、
俺の周りにも約2名、沼にハマってるヤツがいるので、他人とは思えなくて』

――だそうだ。
そして渡辺は、その小澤と織田がやり合うシーンを現場で見た感想をこう話す――。

『隣で見ていて、全身に鳥肌が立ちました。

小澤さんも織田さんとは初共演で、
しかもめちゃめちゃ共演したい先輩役者のお一人だったそうなんです。

だから「僕の全力を超えた全力でぶつかりたい」と話されていて、終わった後は、

「織田さんの芝居が新しい僕を引き出してくださいました」――って両手で握手してたんですよ。

何かそういうの、羨ましくて仕方がなかったです』

ちなみに2019年11月5日、渡辺は27才の誕生日を織田裕二、松嶋菜々子、そして現場のスタッフや共演者にサプライズで祝ってもらったそうだ。

『何だろう……こういうサプライズなら何十回でもウェルカムだし、
あの織田さんと松嶋さんに挟まれて俺、記念写真に収まってるんですよ?
〝夢かよ!〟……みたいな(笑)』

こうした経験が一つずつ積み重なって〝役者・渡辺翔太〟は成長していくのだ。

向井康二が〝Snow Manに選ばれた〟理由

本書でもたびたび触れているが、ジャニーズJr.が1年に一度、ファンの皆さんから熱いご支援と厳しい洗礼を授かるのが、月刊誌Myojoの『Jr.大賞』だ。

Snow ManとSixTONESの15名のうち、これまでに唯一〝恋人にしたいJr.〟部門の1位に輝いたのが、2013年の松村北斗。

当時はジェシーも上位常連メンバーの一人だったが、2011年と2012年を2連覇した中島健人、2014年から驚異の5連覇を達成した岩橋玄樹らの壁は高く、最高順位は2位が限界だったのだ。

「岩橋くんがKing & Princeでデビューして投票対象外だった昨年、関西勢の飛躍と関東勢の奮起に注目が集まりました。何せ上位を独占していた岩橋くん、永瀬くん、平野くん、岸くん、神宮寺くんらがゴッソリと抜けたわけですから」

話してくれたのは、在京ラジオ局で長年ジャニーズ番組を担当している、構成作家氏だ。

「ウチのパーソナリティたちも『キンプリがおらんねんから、関西Jr.がてっぺん獲らな恥ずかしいやろ！』

――と吠えてました。こんなことバラしたら、発言主が誰か、一発でわかっちゃいますね（笑）」

うん。間違いなく西のほうから上京して来たグループだ。

「でも東京で仕事をしている僕にすれば、キンプリがいなくなっても美 少年とHiHiJetsの2枚看板があれば、余裕で東京Jr.のモノだと思っていたんです。だって絶対的な数（所属人数）が違うとはいえ、それまでの24回で関西Jr.に所属しているメンバーが1位になったのは、2010年の中山優馬くんだけ。その中山くんも2009年から2010年当時だと、活動の大半は東京で行っていましたからね。絶対的な読者の基礎投票数が、東京Jr.の有利さを物語っているわけです」（在京ラジオ局ジャニーズ番組担当構成作家氏）

それでもその関西弁のパーソナリティは――

『みんな知らんねん。なにわ男子の人気がどんだけごっついか』

――と言って譲らなかったそうだ。

「驚きましたよ。実際に桐……じゃなかった〝某パーソナリティ〟の予言通り、なにわ男子の西畑大吾くんが1位になったんですから。でも本当の驚きはそんなことじゃありません。誰もが目を疑った〝恋人にしたいJr.の第2位〟。そこに向井くんの名前があるなんて」（同氏）

1位に西畑大吾、そして2位にはすでに〝Snow Man〟所属になってはいたが、向井康二の名前が。

しかも3位の浮所飛貴、4位の那須雄登の美 少年コンビに続き、5位には大西流星の名前が。

ここまで桐山……じゃなかった、うるさい関西弁パーソナリティの読みが正しいなんて。

『いやいや、正直なところ関西から東京に移籍する餞別というか、みんなそんな気持ちで投票してくれたんやと思うよ。
だって前の年の俺の順位は20位で、名前が発表されるギリギリやったんやもん。
ちなみにその前の年は17位な。
17位、20位、2位なんて、右肩上がりすぎてめっちゃ肩こるわ』

――向井はこう言って謙遜するが、Jr.大賞2019の応募締切は2018年12月7日消印有効。

皆さんもご存じの通り、本人たち以外が向井の移籍、Snow Man加入を知ったのは2019年1月のこと。つまり大規模な情報漏洩が遅くとも2018年11月末から12月頭までに起こっていなければ、餞別がわりに投票しようにも出来なかったのだ。

「間違いなく向井くんの人気は2018年の1年間で爆上げしたのです。そうでなければ滝沢副社長も、関西Jr.の中から〝彼一人だけ〟に上京を勧めなかったでしょう。相方の室龍太くんが関西に残って俳優活動に専念しているのを見ても、滝沢副社長は向井くん〝だけ〟を欲しかったのです。そしてそこには明確な理由があるはずですから」(前出・構成作家氏)

一説によると滝沢氏が向井をSnow Manに選んだのは、「向井の人気の裏側に〝彼だけは絶対に報われて欲しい〟と願う、多くのファンの存在を見たからだ」——とも言われている。

ファンがいなければ自分たちは活動を続けることが出来ない。

どんな時でも支えてくれるファンこそが、何よりも大切な〝味方〟なのだ。

「Snow Manは過去にいろいろと悶着を起こしたメンバーもいるので、向井くんの笑いのスキルはもちろん、〝アンチファンがいない人間性〟を買ったとも」(同氏)

ならばそれは、とても〝お買い得な逸品〟だっただろう。

今や向井康二はSnow Manにとって欠かせないメンバーになったのだから。

阿部亮平が気づいた〝滝沢の真意〟

『滝沢くんに「阿部、お前は何がやりたいんだ?」――と尋ねられた時、
一瞬、答えに詰まってしまったんです。
それで頭の中が真っ白になって、つい〝あの先輩〟の名前を……。
そうしたら「ふ～ん。それで満足なの!? それが阿部の未来なの?」――と畳みかけられて、
次の瞬間、俺の中で何かが〝パーン!〟と弾けて、
記憶も全部飛んじゃいました(苦笑)』〈阿部亮平〉

SnowManとSixTONESのデビューが決まる前、当時はまだジャニーズアイランド社社長のみだった滝沢秀明氏はメンバーそれぞれと個別に面談し、将来に及ぶビジョンを聞き出したという。

『本人たちはこれからどんなアイドル、アーティストになっていきたいのか。
〝デビュー〟という人参がぶら下がっていないところで聞き出さないと、
とってつけたような話しかしないから』

――と、当時滝沢氏は話していたという。

NHK BSプレミアム『ザ少年倶楽部』プロデューサー氏は、「裏方になってからよく収録に立ち合ってくれるのが嬉しい」と、滝沢氏の見た目の〝変化〟について語る。

「ある意味では当たり前ですが、いつもスーツをスマートに着こなしていて、まるでこれからドラマの収録でも始まるかのような、そんな主役の貫禄に溢れていますよ」(『ザ少年倶楽部』プロデューサー氏)

基本的にはほとんどの芸能プロダクションはスーツが〝制服〟。独特のファッションで目立とうとするプロダクションの社長やマネージャーもいないことはないが、失礼ながら売れっ子タレントを抱えていることは少ない。

「滝沢くんはタレント時代からつき合いのあるスタッフには、ジャニーズアイランドの社長になったからといって『接し方を変えないで欲しい』――と自ら望んでいて、僕も相変わらず〝滝沢くん〟と呼んでいます。それは所属タレントも同様で、先輩たちは普通に『滝沢』と呼んでますね」(同氏)

さて、そんな滝沢氏は収録に立ち合うたびにプロデューサー氏のもとにも挨拶に訪れるそうだが、ある時ふと気づくとSnow Manの阿部亮平と向かい合い、何やら深刻そうに話し込む姿を見かけたという。

「それがさっきお話しした〝面談〟ではあったのですが、明らかに空気がピリピリしているというか、阿部くんの顔が可哀想なぐらい強張っているじゃありませんか。社長とタレントのミーティングに口を挟むわけにはいかないので、しばらく見ているしかなかったのですが」（同氏）

それから十数分後、ようやく滝沢氏が阿部から離れたところでプロデューサー氏が事情を聞いた。

「要するに阿部くんが『**嵐の櫻井くんのような活動をしたい**』――と話した瞬間、滝沢くんの機嫌が悪くなったというんです」（同氏）

冒頭のセリフこそが、阿部がプロデューサー氏に打ち明けた話そのものだ。

「嵐は後輩とはいえ、ジャニーズJr.の第一次黄金期を共に盛り上げた戦友。特に櫻井くんは〝ジャニタレでもニュースキャスターを務めることが出来る〟と、身をもって証明したメンバー。つまりはジャニーズの功労者でもあるわけです。阿部くんたちが憧れる気持ちはわかるけど、滝沢くんが貶める気持ちはわかりません。まさか滝沢くんが櫻井くんの活動を否定するわけがないし、機嫌が悪くなった理由がわかりませんでした」（同氏）

結論から言うと、滝沢氏にも櫻井を否定するような気持ちは毛頭ない。

しかし阿部の話に同調し、「櫻井翔になれるように頑張れ!」と励ますのは「違う」と滝沢氏は後にプロデューサー氏に語っている。

おそらくは面と向かって説明してはくれないであろう滝沢氏の代わりに、その真意を阿部に伝えたところ、滝沢氏の真意を理解した阿部が吹っ切れたように語ったのがこのセリフだ——。


『それが櫻井くんじゃなくても、特定の先輩の名前を挙げて目標にしているうちは、絶対に〝本家を越えられない〟というのが、滝沢くんのポリシーだそうです。実在する、具体的な先輩の名前を挙げるんじゃなく、「自分の頭と感性をフルに使って絞り出した答えを聞かせて欲しい」——と。自分に足りないものが、ハッキリとわかった気がします』


地頭の良さは櫻井どころか「ジャニーズ史上トップレベル」と言われる阿部亮平。

一皮剥けるきっかけになれば〝櫻井越え〟は夢物語でも何でもない——。

目黒蓮の前向きで貪欲な意気込み

「ジャニーズJr.の王道を歩んできたわけではありませんが、しっかりと将来に対するプランを持っている。そういう意味ではJr.の先輩でもある岩本照くん、渡辺翔太くんよりも上昇指向の強さを感じさせました」

日本テレビ系『簡単なお仕事です。に応募してみた』でカルテット主演の一角を担う目黒蓮について話してくれたのは、当のドラマ担当スタッフ氏。

実は過去、岩本とは『SHARK』シリーズで同じ現場を経験しているが、残るカルテットのうち3人とは「今回の現場が初顔合わせでした」と話す。

「まず岩本くんは『SHARK』の頃よりも芝居の強弱の幅が広がっていたし、他のメンバーも〝だいたいこのあたりまではやれるだろう〟とこちらが設定したハードルを、比較的楽に飛び越えてくれた。実はここだけの話、企画段階では〝ふぉ～ゆ～の4人にやらせてみては?〟の意見もあり、僕もどちらかといえば、ふぉ～ゆ～のコミカルな芝居に魅力を感じていたんですよ」（ドラマ担当スタッフ氏）

ほぼ2年前、2017年6月20日から立ち上げられた日本テレビ月曜深夜の連ドラ枠がこの〝シンドラ枠〟だ。1作目の『孤食ロボット』以降、この9作目の『簡単なお仕事です。に応募してみた』まで、深夜の特性を活かした実験的な作品を提供し続けている。

「まさに今回、目黒くんとラウールくんの起用こそが〝実験〟で、2人はその試験に見事合格してみせました。特に目黒くんには、今後コメディで実力を発揮してくれそうな匂いがします。今のジャニーズを代表する演技派の岡田准一くん、二宮和也くんはコミカルな演技をさせればピカイチ。だから目黒くんにも自信を持ってもらいたいですね」（同氏）

ドラマ制作の実力者にここまで言わせるとは、宇宙Six との兼任を受けた甲斐があっただろう。

『いろいろな意見があることは承知しているし、
もしかしたら兼任を断ることも出来たかもしれないけど、
でもそんなもったいないことをしたらバチが当たるし、
〝自分がどこまでやれるのか〟を誰よりも楽しみにしているのが自分自身。
誰にでも与えられるチャンスじゃない。
それを掴みに行かなくて、この世界にいる意味あるのかな』

『ラウールは、お父さんがベネズエラ人でお母さんが日本人。
康二くんは、お父さんが日本人でお母さんがタイ人。
そしてジェシーくんは、お父さんがアメリカ人でお母さんが日本人。
スノストの15人だけでも、5分の1のメンバーがハーフなんだもんね。
バスケの八村塁選手やテニスの大坂なおみ選手。
俺の同世代には世界的な日本人ハーフのスポーツ選手もいる。
これからの国際時代、自分も世界に飛び出すことを考えよう』

――目黒蓮の前向きで貪欲な姿勢は、これからのＳｎｏｗ Ｍａｎにとっても大きな力となるはずだ。

その意気込み通りに、Ｓｎｏｗ Ｍａｎも世界に大きく羽ばたいていって欲しい。

ホットなコンビ〝ダテこじ〟

1年前を振り返って、向井康二はこんなセリフを口にした――。

『東京の生活については何も心配してないし、
むしろ楽しみでしかないやろ。
やっぱり気になるのはメンバーとの関係性かな。
ラウール以外とは何十回も顔を合わせてるし、
だいたいの性格もわかるけど……
外から見る性格と内側から接する素顔、
めっちゃ違いそうですやん。
具体的には宮舘くんとか（苦笑）』

関西ジャニーズJr.にまでその詳細が届いていた(?)という、宮舘涼太の噂。

圧巻のパフォーマンスとアクロバットでファンを魅了するだけに留まらず、クールなルックスと性格、ミステリアスなプライベートを含め、メンバーからは敬意を表して〝舘様〟と呼ばれている――と聞けば、興味を持たざるを得ないのが関西人の性分というものだ。

『確かに康二は最初からおかしくて、
〝何か視線感じるな〜〟と思うと、康二が俺のことをジト〜っと眺めてんの。
いやマジで、最初は〝そっちの世界の人〟かと思ったぐらいに(苦笑)』

――冗談交じりにそう話す宮舘。

結論として向井は――

『このグループのキーマンは宮舘くんや』

――と、絶対的な手応えを掴んだと胸を張る。

しかし当の宮舘の反応は——

『〝ギーマン〟もクソもないよ。
俺はただ単純に、自分のやるべきことと真剣に向き合っているだけだから。
それを〝ストイック〟と言われることはよくあったけど、
〝ギーマン〟とか大げさに騒ぐのは康二だけだぞ』

——さて、この2人、実際の関係はどうなのか？

『康二？ 昨日も会ったよ。フツーに。
お互いに別々の（仕事）現場で、これで3日連続。
ちなみにその間、現場で会った回数は〝0〟ね（笑）』

すでにご存知の方もいらっしゃるだろうが、この宮舘涼太と向井康二の組み合わせを通称〝ダテこじ〟と呼び、今、Ｓｎｏｗ Ｍａｎの中では最もホットなコンビとしてジワジワと支持を拡大しているという。

『いやいや、「〝支持〟ってどこからの指示だよ!」って聞きたくなるけど、
実際に本当にホットに仲がいいから、支持したい人はバンバンしちゃって構わないよ。
もう康二がSnow Manに入って1年だけど、
仕事現場よりも下北沢で会うほうが圧倒的に多いのが笑えるね』

――だそうだ。

新たなメンバーがグループに加入する場合、受け入れる側にとっては「早く馴染んでくれるか?性格が合わないメンバーはいないか?」などと、気を揉むケースもあるが、宮舘によればSnow Manにはそんな心配は無用だったようだ。

『自分たちがメンバーを増員して〝パワーをつけたい〟と願ったのだから、
本当は誰でもウェルカムじゃないといけない。
でもなかなかそうもいかないから、他のグループは積極的にメンバーを増員しないんだよね。
ただ俺たちはメンバーを増やしてこそやれる、〝目指せるパフォーマンス〟があるから、
そういった意味では誰だってドンと来いだった』

選抜した滝沢秀明氏にも、新たに3人をSnow Manに加入させる〝狙い〟があるわけで、6人は「それを探ることも毎日の宿題の一つ」として、コミュニケーションを図ってきたらしい。

『Snow Manってさ、まあその名の通り〝雪だるまみたいに真っ白〟だとするよね？
その状態を6年続けてきて、そろそろ「雪だるまにも色を塗りたい」――って、
誰かが言い出したのが始まり。
そんな雑な説明をイヤな顔ひとつせずに聞いてくれて、
康二と目黒、ラウールを連れてきてくれたのが滝沢くん。
俺らはその期待以上の化学反応を見せなきゃいけないし、
康二は本当にすごく自然に俺たちを彩ってくれてますからね。
まったく心配はいりませんし、むしろ楽しみにしていて欲しい』

ちなみに〝ダテこじ〟の間で取り決めにしたのが、お互いに〝康二〟〝ダテ〟と呼び捨てにすること。
今のところ向井康二にとっては、そのハードルを飛び越えることが最も難しいチャレンジのようだ（笑）。

佐久間大介が目指す〝アニメを超えた〟高みへ

2019年7月25日にオンエアされたフジテレビ『アウト×デラックス』に、三宅健、塚田僚一、戸塚祥太、ふぉ~ゆ~に続く〝ジャニーズ第5の刺客〟として登場した佐久間大介。

爽やかイケメンのルックスと軽妙なトーク、キレッキレのアクロバットが持ち味の佐久間が、果たしてどんなダークサイドを暴かれてしまうのか!?——と楽しみにしていたら、過去の刺客が全員霞んでしまうほどの、ブッチギリの変態ぶり（※褒め言葉）をさらけ出してくれた。

『Snow Manのファンのみんなは俺の趣味を知っているから、
まさかこんなに反響があると思わなかった。

でも考えてみればSnow Man自体、ほとんど知られてないから当たり前だったんだよね（笑）。

お陰でこの半年間はたくさんの番組に呼んで頂いて。

まさか俺が年末年始の特番に〝嫁T〟姿で出ているなんて、絶対に誰も想像出来なかったでしょ？

俺としてはHDDに自分の出演番組が録画され、容量が減っていく喜び。

そしてCDデビュー前に勢いをつけられた喜び。

それが何よりも嬉しかった』

——反響の大きさへの感想をそう話す佐久間。

何も佐久間が特別なわけではなく、アニメヲタクにとっては神聖なユニフォームとでも言うべき〝嫁T〟。

大好きなアニメキャラがデカデカとプリントされたTシャツを着て、すれ違うヲタク同士がアイコンタクトで「（嫁はチノちゃんですか?）」「（おっとそちらは御坂美琴とは!）」と視線で語り合うために着る、ご挨拶がわりの必須アイテム（※ちなみに〝チノ〟〝御坂美琴〟とは、言うまでもなくキャラクターのお名前です）。

「アニメにまったく興味がない、少しは興味があるけどヲタクは苦手……といった女子は、佐久間くんが堂々と〝嫁〟と言い切る姿に眉をひそめたかもしれません。しかしそれは、アイドルヲタクの言う〝推し〟と同じ。佐久間くんは『〝推し〟って言葉はAKB48の総選挙で一般にも浸透したから、今度は俺が〝嫁〟って言葉を浸透させたい。そのためにもSnow Man、売れたいね』――と、ビックリするぐらい前向きに話していました」

佐久間の売り出しに一役も二役も買ってくれた『アウト×デラックス』スタッフ氏は、「塚っちゃんと佐久間くんと、3人でちょくちょく食事をしています」と言うほど、交遊関係を深めているそうだ。

「とにかく2人ともよく喋るので、僕はいつも黙って聞いているだけですけどね。アイドルヲタクの塚っちゃん、アニメヲタクの佐久間くん。2人とも2次元と3次元の違いはあれど、可愛い女の子が好きな点は同じ。だから何もわからず聞いているだけでも楽しい」（『アウト×デラックス』スタッフ氏）

とはいえ、我々にしてみれば『アウト×デラックス』出演の2週間後にCDデビュー、それもSixTONESとの同日デビューが発表され、さらにデビュー日が近づけば近づくほど〝SixTONESのほうが売れそう〟な数値が示される中、確かにSnow Manの知名度アップに貢献はしているものの、一方では〝嫁〟発言でネガティブな影響を及ぼしかねない……そんな不安も感じるのだ。

「基本は（本人曰く）中高生にめちゃめちゃ人気がある健全なアニメらしいので、そんな心配はいらないのでは。さすがに滝沢副社長もそこはチェックしているでしょう」（同氏）

そう言って笑い飛ばすスタッフ氏は、再び佐久間のこんなセリフを話してくれた——。


『僕らは〝アニメヲタク〟ってバレた瞬間、色眼鏡で見られるのは慣れてますからね。

まあ、いろいろ言われるのは覚悟してます。

でも僕は他の可能性を信じていて、それは人間が絶対に出来ない動きをアニメが見せてくれるように、Snow Manのアクロバットも〝まるでアニメのようなパフォーマンス〟と言われるほどの、ジャニーズでは誰も到達したことがない域に入りたいんです。

もし〝アニメヲタクがアニメを超えた〟とまで言われたら、
俺自身は「アニヲタを卒業してもいい」とさえ思ってるんですよ』

子供の頃からアニメを見てきた佐久間だからこそ、アニメの偉大さも知っている。

それでもなお目指す〝アニメを超えた〟高みからは、どんな景色を見ることが出来るのだろう。

Snow Manなら、そんな遥かな高みへと上り詰めてくれるはずだ。

Snow Man フレーズ

岩本照

『何があっても俺がSnow Manを引っ張る。
それを改めて8人が認めてくれるような、
そんな男にならなければいけない。
嵐でいえば松本潤くんのような』

岩本照の決意。「嵐でいえば松本潤くん」の例えほど
わかりやすいものはない。

『同世代で一番の刺激を与えてくれたのは、もちろん健人とシゲですね。
アイツらに追いつきたくてずっと背中に手を伸ばしていたし、
もしアイツらが塩っぱかったら俺もここまで頑張れなかったと思う。
いわゆる〝ライバル〟の本当の意味を教えてもらいました』

Ｓｅｘｙ Ｚｏｎｅの中島健人とジャニーズＷＥＳＴの重岡大毅。
共にドラマで共演したものの、主役は彼らで自分は〝その他〟。
彼らに追いつきたい、追い越したい気持ちが自分の成長を促す。

『ラウールとの間に感じるジェネレーションギャップが楽しい。
昔の俺と滝沢くんぐらいの年齢差だから、
ようやくあの頃の滝沢くんの気持ちがわかった気がする。
ウザかったな、俺（笑）』

1993年生まれの岩本照と2003年生まれのラウール。確かに滝沢秀明と自分の年齢差（11才）に近く、自分が16才当時、滝沢がどんな風に接してくれていたか？――が参考になるそうだ。

深澤辰哉

『今、ジャニーズで〝情けない後輩刑事〟を演じさせたら、
俺が一番じゃないかな(笑)?
〝情けない〟って時点で決して嬉しくはないけど、
でも演じた役のキャラクターが「似合う」って言われるのは、
こんな俺でも役者冥利に尽きますよ』

WOWOWで放送された連続ドラマW『悪の波動』で、実は殺人鬼だった先輩刑事の相棒役を演じた深澤辰哉。視聴者が違和感を感じない、どこまでも自然な演技だと評価されたことは、深澤にとって新たな自信の源になった。

『俺、五関くんが持っていたデビュー最年長記録を更新するらしいんだけど、
心は最年少でいたいんですよね。
たとえラウールと11才離れていても』

〝心は最年少〟とは、子供っぽい考え方という意味ではなく、少年のように純粋で、かつ失敗を恐れずに突き進む姿勢のこと。しかし深澤辰哉以外のメンバーからは、「ふっかはガキっぽい」「いっつもうるさい」と散々なクレームが?

『自分の長所は「恥じらいがなくガツガツいけるところ」で、
短所は「人見知り」と言ったら、
ある人に「お前はサイコパスか!」って呆れられたんですよね。
まあ確かに〝ガツガツいけるけど人見知り〟って聞いたら、
何か二重人格っぽいイメージになるのかな(苦笑)』

厳密には人見知りじゃない相手、つまり心を開いている相手には「ガツガツいける」の意味らしい。しかしそのガツガツを人見知り克服のほうに回せば、深澤辰哉の人脈はさらに広がるだろう。

ラウール

『〝もしSnow Manに舘さんがいなかったら、
きっとデビュー出来なかったんじゃないか〟
――俺は真剣にそう思ってるよ。
だってみんな、迷ったら必ず舘さんに意見を求めるし、
舘さんもちゃんと正解を返してくれるんだもん』

Snow Manに加入してようやく1年のラウールから見ても、宮舘涼太の存在感は果てしなく大きい。そんな宮舘はラウール曰く、「メンバーの中に生えているぶっとい木」なのだとか。

『もうすぐ自分が高2だなんて信じられない。
だって小6の5月に入ったんだよ？
でも小学生から高校生になるまでの俺を、
ファンのみんなはちゃんと見守ってくれてたんだよね。
何か不思議というか、申し訳ない。
こんなガキを（笑）』

ラウールの他にも小学生からジャニーズJr.に在籍していたのは、深澤辰哉に阿部亮平、そして向井康二の合計4人。とはいえ、その他のメンバーも中学1年生の時点でジャニーズJr.に合格しており、Ｓｎｏｗ Ｍａｎほど〝成長を見守られてきた〟グループはない。

『これは俺だけが、
Snow Manだけが思っているわけじゃないと思うんだけど、
目指すはやっぱりジャニーズの象徴。
「ジャニーズといえば誰（グループ）？」と言われて、
名前が挙がるグループになりたい。
SMAPさんが解散した後は嵐さんがそうだったように。
少し気が早いけど嵐さんが活動休止する来年は、
「ジャニーズといえばSnow Man」
――って言われるように頑張るよ！』

このセリフには余計な解説はいらない。まさにそのままの意味だ。
ラウールの願い、すぐには叶わなくとも〝忘れてはならない〟
心のフレーズになる。

渡辺翔太

『目黒は何ていうか、〝ザ・スマート〟なんだよ。
体型とかルックスじゃなく、物腰とかね。
ほら、ウチは泥臭いのからヲタクから熱血系から、
クセのあるヤツしかいねえじゃん（笑）』

新メンバーかつ後輩、そしてもちろん年下の目黒蓮を「あのスマートさはSnow Manにはなかった。見習いたい」とまで言う渡辺翔太。しかし「だって名字が目黒だよ？　スマートに決まってるじゃん。中目黒とか目黒川の桜とか」——は、まったく関係ない（苦笑）。

『正直、気になるのは女の子のほう。
指原莉乃や白石麻衣とかね。
あれだけ活躍されちゃうと悔しい』

1992年生まれの渡辺翔太。メンバーでは深澤辰哉、佐久間大介、宮舘涼太も同い年（同学年）だが、何よりも気になるのは同い年で活躍する女性アイドルたち。「指原は高校の同級生だったし、特に悔しくて意識する」そうだ。

『本当、番組に出させてもらってるからこそ感じるのは、
やっぱり俺の中ではお笑い第七世代よりも、
松本人志さんのほうがめちゃめちゃ偉大。
確かに（第七世代の）みんなは面白い。
でも松本さんみたいな、
俺には想像もつかない視点からのボケやツッコミは飛び出さないもん』

フジテレビ深夜の不定期番組『7G』で、お笑い第七世代と競い合うSnow Man。本編でも触れているが、それは滝沢秀明副社長の「NGなし」号令の下、すでに切磋琢磨する〝戦友〟だ。

向井康二

『アイツが頑張ってるから俺も頑張れる。
アイツに恥ずかしい俺にはなりたくない。
男には誰だって、そういう〝心友〟がおるもんやで』

かつては〝ムエタイ向井ブラザーズ〟として実兄とユニットを組んでいた向井康二だが、彼が〝心友〟と言う相手こそ、同じく兄弟ユニット〝室3兄弟〟の次男・室龍太。上京した向井に対し関西に残って役者の道を歩み始めた室は、2019年12月、舞台『大阪環状線』で初の主演を務めた。

『とにかく東京のメンバーの多さにビビりました。
関西も10年前に比べたらめっちゃ増えてますけどね。
そしてようやく実感したんです。
「そりゃあこれだけの人数を勝ち抜いてデビューするんやもん、
売れるに決まってるわ」——と』

Ｓｎｏｗ Ｍａｎへの加入を機に関西ジャニーズJr.から東京のJr.に移籍した向井康二は、その圧倒的な在籍Jr.の違いに「〝東京の強さ〟を見せつけられた」と言う。

『こっち（東京）に来たほうが∞兄さんに会えるのは嬉しいんですけど、
逆に怖いのはちゃんと兄さんの教えを守れてるかどうか、
チェックしてはる気がすることですね（笑）。
一番の教えは――
「カメラがあるところでは無礼講。
どんな手を使っても笑いを取れ！」
――です。
アイドル……やのに』

後輩の面倒見がいい関ジャニ∞のメンバーから、
「お前が一番心配や」と頻繁に連絡をもらうという
向井康二。しかし「その連絡が逆に怖い」のは、
関西人の矜持（？）を忘れていないかどうか、
チェックされている気がするから。

阿部亮平

『〝兄貴会〟に入れてもらうより、翔くんと1対1で仲良くなりたい。
だってみんなと一緒だと、
結局は〝何分の一かの関係〟にしかなれないでしょ?
俺はもっと深いところで翔くんを知りたいから』

KAT-TUN・上田竜也を筆頭にNEWS・増田貴久、Kis-My-Ft2・千賀健永、藤ヶ谷太輔、Sexy Zone・菊池風磨、ジャニーズWEST・中間淳太らの面子が揃う、通称〝兄貴会〟。櫻井翔を慕う後輩たちの集まりだが、阿部亮平は「抜け駆けしか狙ってない」らしい。

『「天気図が読めるからって、人の心が読めるわけじゃない」——
俺を表す名言だと思いません(笑)?』

時に〝KY気味だ〟と言われる阿部亮平だが、この一言には納得せざるを得ないかも。ちなみに「開き直ってるつもりはない」そうで、やっぱりKYとしか(笑)。

『人生は常に選択。
そしてその時々で最良の結果を得るために、日々の努力がある。
Ｓｎｏｗ Ｍａｎがこれまで頑張ってきた道は、
最短ではないけど最良の道だと思うよ』

目標に到達するためには最短、最良のどちらのルートを選ぶ？
阿部亮平に言わせると「最初の目標はゴールじゃない。最短を
選ぶと次の目標に到達出来ない気がする」そうだ。

目黒蓮

『タピオカが好きだったら、
そのタピオカが何から出来ているのか知りたい。
好奇心というか、探求心がある人が俺は好き』

ブームに乗るのは悪いことではない。しかし単に乗っかるだけではなく、「そこから何かを得ようとすることが大切なのでは?」——と、目黒蓮は説く。

『翔太くんのさりげない、見えない優しさが本当に好きすぎる。
それでいて仕事の時のシビアな表情。
惚れない女の子が信じられないよ』

外から見るSnow Manと、実際に内側で感じるSnow Manは違う。新メンバーにそのギャップを感じさせないようにしてくれたのが、目黒蓮によると渡辺翔太だったそうだ。

『俺の立ち位置でいうと、
ラウールの面倒を見ることでバランスが取れているんですよね。
ウチのグループでは9年目とか10年目でも全然若手ですから（笑）』

デビュー直後に23才になる目黒蓮も、２０２０年でジャニーズ入所から丸10年。ラウールを育てる教育係として自らの存在感もアピールしたいところ。

宮舘涼太

『俺たちもSixTONESのように、
〝個性を押し出したい〟って気持ちはある。
Snow Manのセールスポイントは〝グループの力〟だから、
それを大切にしていきたい気持ちも強い。
どっちがいいか悪いか、悩めることが〝楽しい〟って言えるぐらい、
たくさんの仕事をしていきたいですね』

数多くの仕事をこなせばこなすほど、自分たちのやり方が正しいのかどうか、そんな葛藤に直面する。〝悩めることが楽しい〟宮舘涼太は、Jr.時代の苦労がそんな形で報われたのだと語る。

『昔から本当に亀梨くんになりたくて、毎日ＤＶＤを見て真似してました（笑）。
今でもなれるものならなりたいけど、デビューが決まった以上、
今度は「宮舘くんになりたい」と憧れられる存在にならなければ。
じゃないとジャニーズで頑張ってきた意味がないもん』

亀梨和也に憧れてジャニーズJr.のオーディションを受けた宮舘涼太だからこそ、その存在がモチベーションになることを誰よりも知っている。「今度は自分が」――それが彼の成長の証。

『実際に俺は〝運命〟をすごく信じていて、
Mis Snow ManからSnow Manになったこと、
Snow Manのメンバーが6人から9人に増えたこと、
それは運命に導かれた結果だと思っているんです。
たまに「その考え方は都合が良すぎる」って言われるけど、
逆に「都合が悪い運命を信じたいんですか？」——って聞き返したい』

〝運命〟とはある種、良きにつけ悪しきにつけ自分を〝納得させる〟最強の言葉かもしれない。宮舘涼太はその言葉を〝ポジティブ以外には捉えない〟ことで、自分が前に進むエネルギーに変えているのだろう。

佐久間大介

**『アニヲタを開放したおかげで、こんな俺でも需要が増えた。
大切なのは自分を偽らないこと。
自分をカッコ良く見せるために偽っていた俺、
過去の俺とは永遠にサヨナラだね!』**

ジャニーズ5人目の刺客として出演した『アウト×デラックス』で、アニヲタ全開で話題を呼んだ佐久間大介。その反響を踏まえ、新たに感じた人生訓。

『ヲタク気質をバカにしちゃいけない。
そこには何でも〝極めなきゃ気が済まない〟絶大なる探求心と、
向上心があるんだから。
だからみんな、何でもいいから何か一つ〝ヲタクになろう〟よ。
俺がお勧めするのは、今クールのTVアニメだけどね』

見方を変えれば、すべての発明や文化、流行などの源にはヲタク気質が流れていることは間違いない。最後の一言さえなければ、佐久間大介に共感出来たのに……(笑)。

『ダンスやアクロバットは出来て当たり前。
俺にとって重要なのは〝キャー〟よりも〝ワッハッハ〟』

コンサートではファンの歓声よりも「笑い声が欲しい」と言う佐久間大介だが、それはパフォーマンスやアクロバットに絶対的な自信を持っているからこそ言える、精神的な余裕に他ならない。

3rd Chapter

SixTONES

高地優吾の向かうべき目標

高地優吾がこんなことを言った――。

『今は俺が世代の最後尾を走ってるけど、
3年……いや5年後には先頭を走っていたい。
そんなの無理だって!?
……そうかな、たとえば新幹線だって大阪に行く時は1号車が先頭だけど、
東京に帰る時は16号車が先頭になるんだよ。
今は16号車の俺がいつか先頭になること、全然アリだと思うけどな』

なるほど。理屈だけで言えばまったくテキトーな例え話だが、間違いなく〝センス〟は買える。
高地優吾、面白い閃きの持ち主だ。

「優吾が番組に加わってから、気づいたら丸10年を越えていました。つまりそのまま、イコール彼のジャニーズJr.歴と被る。最初はただニコニコしているだけの〝置物〟でしたが、すっかり番組に欠かせない存在に成長しました」

2009年5月、日本テレビ『スクール革命!』番組内で企画された〝3年J組新入生オーディション〟に合格し、ジャニーズJr.に入所すると同時に番組レギュラーの座を獲得した髙地。

その合格発表がオンエアされた11日後には中山優馬 w/B.I.Shadowのメンバーに選ばれ、14日後にはNYC boysのメンバーにも選ばれるなど、ジャニーズJr.史上何とも劇的な2週間でスタートとした、髙地のジャニーズ人生。

誰もが彼をスーパーエリートと認識、本格的なCDデビューもすぐに叶えるだろう――と感じてから実際のCDデビューまで、10年と8ヶ月の月日を要することになってしまった。

「その間、ウチの番組にはずっとレギュラー出演していたので、いわゆる世間から〝消えた〟的な扱いは受けず、内村(光良)さんを筆頭にザキヤマ、オードリーという売れっ子芸人と同じ現場で仕事をし続けられたことは、とてつもなく大きな財産になったと思いますよ。もちろん優吾だけではなく、涼介や知念、光も同じです」

冒頭から話してくれているのは、当の『スクール革命!』プロデューサー氏だ。

「まるっきりの素人で入ってきた優吾は本当に〝ただ笑っている〟だけでしたけど、むしろそれが内村さんやザキヤマ、オードリーには心地良かったようです。10年前から**『あの子の笑顔は魑魅魍魎だらけのテレビ界の癒し』**――と言って、決して〝Jr.だから相手にしない〟こともなく、他の3人と同等に接してましたね」(『スクール革命!』プロデューサー氏)

一方の高地も――

『この現場にいる時だけが、自分が芸能界で頑張っている実感を得られる』

――と言い、次第に内村やザキヤマ、オードリーと親密な関係になっていく。

「たとえば成人式にはお祝いしてもらったり、Jr.のユニットに入ったらプレゼントを贈られたり。ちょうど涼介と知念とも同い年なので、内村さんたちも覚えやすかったそうです」(同氏)

Hey! Say! JUMPの山田涼介と知念侑李、高地は1993年世代の同級生(※高地は早生れ)。

そしてこの世代にはまだHey! Say! JUMPの中島裕翔、Sexy Zoneの中島健人、ジャニーズWESTからは神山智洋に藤井流星、さらにはSnow Manの岩本照、阿部亮平、宮舘涼太(※学年は1つ上)、そして中山優馬まで、豊富すぎる同世代が揃っているのだ。

「最初の勢いが完全に消え、3年ぐらい所属するグループがなかった頃、優吾がふと内村さんに**『もう辞めたほうがいいんですかね』**――と相談したことがあったそうです。その時、内村さんは**『乗っている船がいつ転覆するかなんて誰にもわからないし、いきなり超豪華客船が自分を迎えにくることもある。コツコツと努力を続けた者にだけ、芸能の神様は夢を叶えてくれるから』**――と、優吾を励ましてくれたといいます。すると半年ほど経った頃、SixTONESの結成が決まった。これは優吾に限ったことではありませんが、そうして諦めなかったメンバーが集まったからこそ、SixTONESはデビューの夢を叶えられたのでしょう」(同氏)

それは後輩Jr.たちにとっての、一つの教訓になるだろう。

ところで冒頭のなかなか洒落たセリフ。これは1年ほど前、『スクール革命!』の前室で仲の良い若手スタッフと雑談していた時のセリフらしい。

『今は俺が世代の最後尾を走ってるけど、
3年……いや5年後には先頭を走っていたい。
たとえば新幹線だって大阪に行く時は1号車が先頭だけど、
東京に帰る時は16号車が先頭になるんだよ。
今は16号車の俺がいつか先頭になること、全然アリだと思うけどな』

粒揃いの1993年世代の中で高地が存在感を放てば、確かに世代の先頭を走ることも十分可能だろう。

ただしこのセリフの揚げ足を取るつもりはないが、安易に「みんなと逆に向かえば俺が先頭に立てる」など、本来の〝行き先〟を見失ってはいけない。

あくまでも自分の夢と目標に向かい、真っ直ぐに。

もっとも内村光良、ザキヤマ、オードリーがお目付け役ならば、高地が道を踏み外したり、行き先を誤ることはないだろう。

松村北斗が身につけたい〝武器〟

高地優吾に言わせると――

『自分とはキャリアが一番近い〝ほぼ同期の先輩〟だけど、どこを取っても自分とは格が違う』

――のが、松村北斗らしい。

ところが当の松村は――

『〝どこを取っても〟は違う。

アイツは俺にないものをたくさん持ってるもん。

もちろんジェシーや大我、慎太郎、樹もそう。

みんな違う魅力を持ってるからこそ、集まった時に武器になる。

そもそもアイツ、すぐに「SixTONESにいるには俺は小さすぎる」とか、

「気づいたらみんなに置いていかれる」とか、俺らの前だとめっちゃネガティブになるからさ。

どうしてそこを、あの笑顔で乗り切れないんだろう（苦笑）』

――こう言って高地の弱音を、

『伝統芸みたいなものかな』

――と笑い飛ばす。

『百歩譲って、優吾の言う通り、俺が〝格上〟だとしよう。
自分でそんなことを言うこと自体がダサいけど（笑）。
でも本当にそうだったら俺と優吾がB.I.Shadow、NYC boys、
バカレア組、SixTONESって、ずっと一緒のユニットに呼ばれると思う？
俺が格上、優吾が格下だとしたら、とっくに優吾の姿が消えてるでしょ。
格上も格下もない、俺と優吾は同じ線上に立ってるよ』

――これは高地にしてみれば、勇気をもらえるセリフだろう。


『俺のほうこそ、バラエティで頑張るアイツを見て勇気をもらってる。

光くんや山田くん、知念くんに混じっても全然見劣りしないのはスゴい。

ウチはライブのMCを樹が回してるけど、
だからといって〝樹が優吾みたいにバラエティで存在感を出せるか？〟はまったく別の話だからね。

そういった意味でも優吾はSixTONESにおける〝バラエティの神〟』

冷静にメンバーを分析する松村は、新年早々、2020年1月クールの連続ドラマに出演する。

高地にもらった勇気を胸に挑むのは、フジテレビ系『10の秘密』というサスペンスドラマだ。


『主演は向井理さんと仲間由紀恵さんで、お二人は離婚したばかりの元夫婦。

その一人娘が誘拐されてしまうんだけど、俺の役はその娘さんと音楽仲間の音大生。

バイトしているピアノバーで演奏するシーンもあるから、ある意味では役作りがやりやすい。

細かくキャラ設定が出来てるからね』

――今回演じる役柄についてそう話す松村。

昨年4月クールのドラマ『パーフェクトワールド』に出演した際、松村が演じた役は、原作とは少し設定が違う登場人物を演じることになった。

原作では元バスケ強豪校のエースが事故に遭い、車椅子生活を余儀なくされる中で主人公（松坂桃李）と出会い、車椅子バスケを始める役だったのだが、ドラマでは主人公の仕事の後輩で、病気によって足を切断。義足生活を送る役に変更されていたのだ。

『それまでみたいに〝ジャニーズドラマの常連〟と見られることがない、
一人で現場に飛び込んでいった作品じゃないですか?
しかも火曜日21時のゴールデン・プライム枠。
だからとにかく役作りに必死になっていたんですけど、
後から見直しても〝義足姿を演じているだけ〟で、
俺の芝居からは晴人(役名)の人生が見えなかった。
確かに原作とは違っていて、原作のままならやりやすかったとは思う。
でもそんなの実力不足の言い訳だし、あれから1年も経ってないけど、
今回の翼(役名)は絶対にモノにしたい。
またゴールデンプライム枠で、しかもオリジナル脚本の作品に呼ばれたのは〝幸せ〟の一言だから』

——そう言って意気込みを語る。

主人公の向井理、仲間由紀恵はもちろんのこと、佐野史郎、渡部篤郎、名取裕子などのベテラン俳優の演技を「台本を読みながら見学させて頂いた」という松村は、その最中に自身のセリフを思い出していた——。

『〝どこを取っても〟は違う。
アイツは俺にないものをたくさん持ってるもん。
もちろんジェシーや大我、慎太郎、樹もそう。
みんな違う魅力を持ってるからこそ、集まった時に武器になる』

自分の武器は「芝居です」と堂々と言えるように。

そして「えっ？　あの松村って子、ジャニーズだったの!?」と驚かれるほど、完璧な役作りを目指すために。

『やっぱり俺、芝居が好きなんですよ。
だから一生、俳優の仕事は続けていきたい。
ジャニーズには抜群の演技力を誇る先輩がたくさんいるし、
近い年代だと学年が1コ下の〝なにわ男子〟西畑大吾はヤバい。
正月の『教場』観た？
アイツの芝居のインパクトは、主人公の木村拓哉さんに迫っていたもんね。
ああいうヤツが出てくるから、やっぱりジャニーズの層は計り知れない』

『10の秘密』では、サスペンスの鍵を握る音大生を演じる松村。
その役作りは期待しか感じさせてくれない。
〝芝居〟という武器を身につけるために、松村北斗はこれからも演じ続ける――。

田中樹がストイックなまでに追い求める〝華麗なパフォーマンス〟

『ウチのグループは、みんなストイックな性格なのは良いんだけど……』

――少し苦笑いを浮かべながらこう切り出したのは、田中樹だった。

『あまり追い込むと心身共に余裕がなくなるし、余裕がないと肝心のパフォーマンスが美しくない。
俺たちはファンのみんなの前でライブをするために、それぞれが個人の仕事をこなしている。
だから最優先すべきは、やっぱり〝ライブのSixTONES〟を華麗に見せること』

ここまで「ファンのみんなを喜ばせるためにライブをやっている」と公言するグループはなかなかいない。

「樹くんは本当に〝ライブの申し子〟とでも言うべきか、とにかくライブが好きで好きでたまらないんですよ」

こう証言するのは、昨年の10月クールにオンエアされ、11月1日には劇場版も公開された『ブラック校則』制作スタッフ氏だ。

「正直なところ、撮影スケジュールはとても劇場版映画とは思えないほどのスケジュールでした。通常、劇場映画は早いもので1年前、遅くても3ヶ月前には撮影が終了していますが、この作品は公開日が11月1日だというのに、クランクインが8月の頭、クランクアップが9月30日。〝なんだ、11月公開で9月なら2ヶ月前に終わっていたのか〟……と勘違いされる方もいらっしゃるでしょうが、10月の1ヶ月の間に編集から音入れ、試写会、上映用フィルムのプリントを終わらせなければなりません。しかも同時進行で日本テレビのドラマ版、Huluの配信版も制作。いやいや、こんなスケジュールの仕事は二度とやりたくありませんよ（苦笑）」（『ブラック校則』制作スタッフ氏）

確かに田中も10月9日に神戸こくさいホールで初日を迎え、12月23日の沖縄コンベンションセンターが千秋楽のホールツアー『Rough〝xxxxxx〟（ラフ・ストーンズ）』を控えていて、心身共に疲れきっていたのではないか。

「それは僕も気になったので聞いてみたんです。すると樹くんは『**ぶっちゃけ疲れてます。でも俺はやりたいことがあるので、精神的なモチベーションが保てている限りは大丈夫**』――と笑いました」(同氏)

田中がコンサートツアーでやりたいこと。

パフォーマンスでいえば、得意のヒップホップとラップを活かした個人コーナーを充実させることらしい。

「その支えというか自信の源泉は、去年の『24時間テレビ』での、櫻井翔くんとの共演にあるそうです。ジャニーズにラップ文化を広めた櫻井くんと、まさか嵐のデビュー曲『A・RA・SHI』を唄えるなんて。これも常日頃から〝ラップの技術〟をストイックに磨き続けた、樹くんの隠れた努力の賜物でしょう」(同氏)

田中自身は、彼らのストイックな姿勢についてこう語っている――。

『度が過ぎるケースも多くて、個人的には必要以上に自分を追い込まないほうがいいと思うんだよね。

あまり追い込むと心身共に余裕がなくなるし、余裕がないと肝心のパフォーマンスが美しくない。

俺たちはファンのみんなの前でライブをするために、それぞれが個人の仕事をこなしている。

だから最優先すべきは、やっぱり〝ライブのSixTONES〟を華麗に見せること。

ただ残念なことに〝順風満帆〟的な環境に慣れてないから、
どうしても自分を追い込むまでガッツイちゃうんだろうね(笑)』

確かに、度が過ぎるほど自分を追い込む必要はない。

しかし彼らはこれまでストイックなほどに自らを追い込み、磨き上げてきたことで、今のSixTONESの華麗なパフォーマンスを生み出したのだ。

SixTONESがSixTONESである限り、そうした彼らの姿勢は変わらないだろう。

ジェシーと京本大我のボーカル、田中樹のラップ。

誰もが「一度見たら必ずファンになる」というSixTONESのライブ、コンサート。

そこで繰り広げられるパフォーマンスを見ずして、彼らを語ってはいけないのだ――。

京本大我が見つめる〝未来〟

SixTONESのメンバーの中では最も早く、2006年5月にジャニーズJr.に入所した京本大我。

当時11才の小学6年生、当然のように周囲は「京本政樹の息子が入ってきた」と認識していた。

「ジャニーさんと京本さんには親交があったので、上層部とジャニーさんに近いスタッフは、もっと小さい頃からの大我くんを知っていました。もちろんオーディションではなく、多くの芸能人2世、ジャニーズ2世と同じように、ジャニーさん直々のスカウトから研修生扱いでの入所でしたからね。大我くんは確か2ヶ月ぐらい後には〝Kitty Jr.〟のメンバーに選ばれてました。このユニットは見るたびにメンバーが変わってましたが、1学年上の山田涼介くんと大我くんはオリジナルメンバーのはず。そして翌年には知念侑李くんも加わっていたと記憶しています」（元ジャニーズ古参スタッフ）

さらに翌2007年4月、少年隊の植草克秀Jr.の植草裕太が中学入学を機に入所。京本は同い年かつ有名人の息子同士ということで、この植草ともペアを組まされることが多かった。

この時点での京本は、まさに〝京本政樹の顔を潰さないように〟エリートとして育てられていたのだ。

『当時はね。
そりゃあ父親の名前が嫌でしたよ。
何をやっても〝父親のお陰〟のように見られるし、同じ世界に飛び込んだことで、
実はそれまで大して知らなかった父親の評価を、大人たちにくどくどと説明されるんだもん。
偉大であればあるほど反発したくなったし、
たとえば他のJr.と自分を比べて何でもいいから秀でたものを持ってないと、
それこそ〝ここにいる意味〟を失いそうな気持ちになってました。
苦しかったですよ』

——当時を振り返ってそう話す京本。

彼が悩み苦しむきっかけになったのは、Kitty Jr.で一緒だった山田涼介と知念侑李がすぐにビッグチャンスを掴んだことだった。

アッという間にHey! Say! 7、Hey! Say! JUMPのメンバーに選ばれ、京本の手が届かない〝デビュー組〟として去って行く。

『本音の本音を言えば、あの時ほど〝何で!?〟と思ったことはありませんでした。
だってまだまだ一緒に活動するつもりだったし、
俺が落とされるなんて想像すらしてなかったから』

中学生になってからの3年間を、京本大我は——

『記憶からすっぽりと抜け落ちているような、そんな感じ。
忘れたわけではなくて、他人事として俯瞰で見たうっすらとした記憶しか残ってないんですよ』

——と振り返る。

『その頃はもうジェシーと慎太郎が入ってきていて、
裕太の次の年、2008年にKAT‐TUNの弟（田中樹）が入ってきたんだよね。
で、またその翌年に北斗と優吾。
SixTONESの6人がJr.に揃った時には、俺ももう中3になってたから。
与えられたことをワケもわからずというか、深く考えずにこなすだけの毎日。
そりゃあ成長するわけないし、記憶にも鮮明に残らないよ（苦笑）』

ますます重くなる〝京本政樹の息子〟の看板。

まるで宿命の十字架を背負わされているかのような気持ちだったが、高校生になると徐々に〝欲〟が出てきたという。

『実際、俺が京本政樹の息子じゃない、オーディションを受けて入ってきたJr.の一人だったら、

「どんなことをすれば周囲から抜け出ることが出来るのだろう?」——と考えても、
まるで答えが浮かんでこない。

つまりここには〝空っぽの自分しかいない〟ことに気づかされたんです。

「冗談じゃない! このまま終わってたまるか」——と』

次第に歌唱力で頭角を現し、『滝沢歌舞伎』や『新春滝沢革命』『DREAM BOYS』などを通し、

〝舞台で歌う〟楽しさを知る。

『『私立バカレア高校』の後も、
「もったいないからバカレア組の6人でステージをやらせてくれ」——って、
ジャニーさんの所に頼みに行って。
〝自分がやりたいことは自分から発信しないといけない、
黙っていてもやらせてもらえない〟ことを、この頃に学びました』

ジャニーズJr.として数々の舞台、ミュージカル、コンサートを経験し、それだけでは満足が出来ない京本は、2014年に、あるミュージカルのオーディションを受験する。
それが現在、日本のミュージカル界を代表する作品の一つ、東宝版の『エリザベート』だ。

『東宝版『エリザベート』は2000年が初演だったんだけど、俺が2015年からやらせてもらってる〝ルドルフ〟枠は、当時はまだ東京芸大の学生だった井上芳雄さんがオーディションを勝ち抜いた。後に井上さんがミュージカル界のプリンスとして君臨するなんて、初演から想像した人はいたのかな。でもすごく縁起がいい役だと思わない(笑)?』

京本はこの『エリザベート』と出会ったことで——

『何から何まで考え方が変わった』

——とまで言い切る。

『もちろんポジティブな意味でね。
そして今は〝ジャニーズのグループといえば？〟と聞いたら、
〝SixTONES！〟の答えが返ってくるようになりたいし、
個人としてもいつか〝井上さんを超えたい！〟と宣言しても、
笑われないレベルのアーティストになりたい。
口に出して言える程度の自信もあるよ』

かつて父親の幻影に苦しんだ男は、今、誰よりも未来を見つめて生きている――。

〝デビュー〟に対するジェシーの本音

1996年6月11日生まれのジェシーがジャニーズJr.に入所したのは、2006年9月。

1997年7月15日生まれの森本慎太郎がジャニーズJr.に入所したのは、2006年10月。

スカウトでジャニー喜多川氏の眼鏡に叶った2人は、この時、ジェシーが満10才で森本が満9才。

共に〝ティーンエイジャー〟手前でステージに立つことになり、KinKi Kidsの堂本光一が――


『**まさにエンドレスショックやな**』

――と、若すぎる才能に驚きを隠せなかったエピソードも伝わっている。

「もちろん2人よりも若年齢でJr.入りしたメンバーはゴロゴロいますが、さすがに小3や小4からJr.に在籍し、そのままデビューまでこぎ着けた例は記憶にありません。かつて薮宏太くんや八乙女光くん、二階堂高嗣くんたちが〝ちびっこジュニア〟と呼ばれていた頃も、せいぜい小学6年生ぐらいだったのでは」（スポーツ紙記者）

現在23才のジェシーと22才の森本は、すでに人生の半分以上をジャニーズJr.として生き、そして2020年1月22日にデビューを果たした。

『たぶん、ここまでずっとJr.としてやってこられたのは、
まず自分の中ではメジャーデビューそのものが占める割合が小さくて、
「そこまで〝デビュー〟にこだわりたいものなのかな？」――と思っていたからなんですよね。
俺は音楽の良さ、素晴らしさを自分たちのパフォーマンスで表現出来れば満足なんです』

――〝デビュー〟に対する本音をそう明かしたジェシー。

かつてテレビ朝日『ガムシャラ!』のディレクターを務めていたスタッフ氏は、

「ジェシーや北斗、大我、樹、優吾、慎太郎――今のSixTONESメンバーのポテンシャルは、一緒にライブを作り上げた自分が身をもって知っている」

――と語り、音楽に対して誰よりも真っ直ぐで正直なジェシーについて明かしてくれた。

「ついこの前も〝デビュー祝い、何がいい?〟と連絡したんですけど、本人は**『ツアーに夢中で何も考えられない』**――と、いかにも彼らしいセリフが返ってきました。もしジェシーがCDデビューで特別に感じていることがあるとすれば、きっと昨年秋のホールツアー、そして真っ最中のアリーナツアー、半年間に及ぶコンサートツアーは初めての経験ですから、〝デビュー出来て超ラッキー!〟ぐらいに感じていただけだと思いますよ(笑)」(元『ガムシャラ!』ディレクター氏)

そんなジェシーがかつて彼に明かしたのは、たまに「どうしてもCDデビューしたくなる」意外に〝可愛い〟素顔だった。

「普段見ていると〝デビューは二の次〟的な発言や行動が多く、また彼自身のポリシーとして**『結果は後からついてくるもの。そんなものを目標にしてはならない』**――と、いかにもストイックな性格を表してはいるんですが、一つだけ〝その気持ちはわかる〟可愛い願いがあるんですよ」(同氏)

夢ではなく〝願い〟となると、さらに現実に近いものになるはずだが……。

「ええ、ジェシーがかつて『**たまにどうしてもCDデビューしたくなる**』――と明かしたその理由は、デビューすればその曲が高い確率でカラオケに入るからです。友だちとカラオケに行った時、『**本人映像ならぬ本人歌唱を聞かせてやるぜ**』――と言いたいそうです（笑）」（同氏）

確かに、それはディレクター氏の言う通り〝意外に可愛い〟願いだ。

『**俺は音楽の良さ、素晴らしさを自分たちのパフォーマンスで表現出来れば満足なんです**』

音楽に対してはどこまでも真っ直ぐ、そして真剣かつ正直なジェシーとS・i・x・T・O・N・E・S。

彼らの長いJr.キャリアも、実は様々な音楽スキル、ライブスキルを身につけるために最低限必要な期間だったのではないか――そう感じさせるほど、S・i・x・T・O・N・E・Sのライブは「今、見るべき価値がある」と断言しよう。

彼らのライブを見たテレビ関係者、音楽関係者の99％は、見終わった後にこう呟くという――。

「しまった！　何でもっと早く見に来なかったんだ」

――と。

ムードメーカー森本慎太郎が断言する〝SixTONESのリーダー〟

皆さんもご存じの通り、SixTONESのメンバーは最年長の髙地優吾（93年組）から京本大我（94年組）、田中樹と松村北斗（95年組）、ジェシー（96年組）、そして最年少の森本慎太郎（97年組）と、1学年ごとの年令構成になっている。

しかも最年長の髙地がイジられ役なら、最年少の森本がムードメーカー、知的なツッコミ役は松村に任せ、同学年の田中が全員のまとめ役を担う——など、年令構成が反映しない役割分担でもあるのだ。

「メインボーカルの2人が役割分担から抜けてますが、彼らはジャニーズJr.でも抜けて歌が上手い〝アーティスト担当〟。本当はジェシーくんはノリ出したら止まらない暴走特急だし、大我くんは〝自由すぎる京本ジュニア〟で、バラエティで見るお父さん（京本政樹）そっくりですよ」

テレビ朝日『ガムシャラ！』の構成を担当していた人気放送作家氏は、SixTONESがSnow ManやTravis Japan、HiHi Jetsなどのグループと比較して決定的に違う点が、その役割分担にあったと語る。

「個々の性格やキャラクターも、SixTONESは他のグループよりも個性的でした。普通はそういうグループって〝まとまらない〟というか、バラバラなところを〝売り〟にしがちじゃないですか？　ところがSixTONESの場合、バラバラなくせにムードの上げ下げは森本くんがコントロールするし、〝MCや進行役だから〟という理由では説明がつかないほど、いつもメンバーをまとめるのは田中くん。この2人が特にキーパーソンになっているのは、外から見ただけではわからないと思いますよ」（『ガムシャラ！』担当人気放送作家氏）

バカレア組から丸8年のつき合いになろうとしている6人だが、実はこの関係性がキッチリと整ったのは、ここ1～2年の間だという。

「そりゃあみんな、お山の大将的な資質は持ってますからね。口先だけではまとめられないし、ノリだけでもグループの勢いを維持することは出来ない。ではどうして今のような関係性に辿り着いたのか？　それについては去年の東京ドームコンサート前、森本くんが面白いことを話していましたよ」（同氏）

森本は人気放送作家氏の「最近のSixTONESはグループとして熟成した」の感想に、こんなセリフを返している――。

『やっぱり6人、めちゃめちゃ個性が強すぎるじゃないですか。

それでもバカレア組からは結構経ってるし、この6人で数え切れないほどステージをこなした末に、アイコンタクトで意思の疎通が出来る関係にはありますよ。

でも俺的に思うのは、やっぱり樹がまとめ役を買って出てくれてるからこそ、チームとして機能するんだと感じてます。

優吾から俺まで5学年違う中、ちょうど真ん中年代の樹はいつも〝公平〟にみんなを見てるから。

樹に言われたらみんなまとまるのは、その公平さに加えて、アイツが喉から血を流すぐらい必死に練習して、樹スタイルのラップやヒップホップを作り上げた、その努力には敵わないから。

みんな樹の努力には頭が上がらないんだよ』

得るべくして得たメンバーからの信頼は、田中の汗と涙、真似が出来ない努力の賜物ということか。

「さらに森本くんによると、チャラチャラして不真面目そうに見えるSixTONESのメンバーの中で、『間違いなく〝樹が一番真面目〟』――なのも関係しているようです」（前出・人気放送作家氏）

さらに森本は、こんなセリフを――。

『自分には出来ないことを平気な顔でやり遂げる人が目の前にいたら、出来ない者はその人についていくしかないんだよ。そんなの子供でもわかるっしょ?』

デビュー直前の時点でSixTONESには〝リーダー〟が定められていないが、森本をはじめとした6人中5名は――

『逆に樹以外、誰がいます?』

――と声を揃えていることだけは、最年少ムードメーカーの名誉にかけても明かしておくとしよう。

リーダーとムードメーカー、2人のキーパーソンを中心にSixTONESは固い絆の下、〝チーム〟として躍進を続けていくのだ――。

Snow Man
vs
SixTONES
—俺たちの未来へ—

SixTONES フレーズ

高地優吾

『メジャーデビューを一番実感したのは、
やっぱり高地優吾〝生みの親〟でもある『スクール革命!』の皆さんが、
まるで自分のことのようにめちゃめちゃ喜んでくれた時ですね。
間違いなく俺よりも皆さんのほうが嬉しそうだったから(笑)』

今でも思い出すと「感激して涙が出る」高地優吾。
唯一の心残りは、東京ドームコンサート直前まで
収録現場にいたのに、「先にメジャーデビューを
伝えられなかったこと」だという。

『相葉くん行きつけのスーパー銭湯に通って、
いつか自然な感じで出会ってみたいんですよね。
いきなり裸のつき合いから始められるじゃないですか？
一応、予行演習として、
松岡くんと二宮くん行きつけの岩盤浴スパにも通ってます』

昨年（2019年）、温泉ソムリエの資格を取得するほど温泉や銭湯、スパが大好きな高地優吾。憧れの相葉雅紀と〝偶然を装って〟出会う計画を立てているらしい。

『自分は子供の頃から「いつも笑顔でいたい」と思っていて、
それは「笑顔には人を癒す力がある、そんな武器になれる」
――と信じてるからなんです。
たまに〝笑顔が胡散臭い〟とか、からかう人もいるけど、
〝だから何なんだ？ それでも俺は笑顔を絶やさないぞ！〟――って、
心の中で叫んでますね』

高地優吾の笑顔はハッピーなオーラに溢れている。それは誰もが認めるところ。余計な雑音で笑顔が曇ってはならない。これからも彼は、その笑顔で人を癒し続ける。

松村北斗

『この前、盛大にスベった話していい？
長所と短所を聞かれた時、
「体の中で一番長いのは身長で、短いのはまつげ」――って答えたら、
リアル無反応で血の気が引いた。
……何でスベったのかな？
面白いよね!?』

大真面目な顔で尋ねる松村北斗。人には〝向き〟〝不向き〟があるから、無理に面白いことを言おうとしなくてもいい。自分は自分のまま、信じた道を進んでいけば、未来は開けるに違いないのだから。

『本当に、『水どう』をやりたいんですよ。
似た企画をやりたいわけじゃなく、
俺がTEAM NACSさんの一員として。
大泉洋さんと2人きりの旅、絶対に面白くする自信がある。
……というか、きっと〝俺が〟楽しい』

2019年のクリスマス、6年ぶりの新作が北海道地区で44.0%(25日)、51.5%(26日)の驚異的な視聴率を叩き出した『水曜どうでしょう』。大泉洋とTEAM NACSの名前を全国区にした同番組に、松村北斗は「ぶっちゃけSixTONESで紅白(歌合戦)の出場歌手に選ばれるよりも出たい」……らしい。

『〝大器晩成〟って言葉にすがって、信じて。
ずっと崖のギリギリを歩いてきたんだよね、俺は』

「何度も退所を考えた」と言う松村北斗は、そのたびに
「俺は大器晩成タイプだから」――と自分自身に言い聞かせ、
奮い立たせた。

田中樹

『俺の父親は大我のところと違って一般人だけど、ヤンチャな男兄弟5人を育ててくれたのは、息子ながら〝すげえ〟と思うし、俺は四男だけに両親には、「生んでくれてありがとう」――って言いたい。父親を尊敬出来ることって幸せだよね』

特にヤンチャな次男坊は別格としても、男5人の兄弟を育てるのは想像しただけでも大変さがわかる。しかし父も母も、息子から「尊敬している」と言われることで、その苦労も少しは報われるのではないだろうか。そんな尊敬出来る父親の背中を見て育った田中樹は今世界に羽ばたこうとしている。

『これからはピンでバラエティに出ていきたい。
そこで学んだこと、得たことをSixTONESに持ち帰ることで、
俺の経験がより活かされるんじゃないかな』

ステージではまとめ役や進行役を担う田中樹だが、あまりにも“外”の仕事を知らないことが「個人としてもグループとしてもマイナス」と滝沢秀明副社長に直訴。2020年からは、新たなジャンルで活躍する彼の姿が見られるはずだ。

『SixTONESはグループでの1位を目指していない。
6人それぞれが異なったジャンルの1位になり、
集まった時の化学反応を楽しんでもらえるグループでいたい』

「1位が集まれば、当然グループだって1位になるよ」

——が田中樹の本音。

京本大我

『何年か前は一時期、父親を受け入れられなかった時期がありましたね。
別に実家では仲がいいんですけど、
自分の仕事現場で父親の名前を出されるのが本当に嫌でした（苦笑）』

有名人、それも同業者の父親を持つ者にしかわからない、京本大我の葛藤。父の名前を出されるたび、暗に比較されているかのような視線が突き刺さる。乗り越えた今は父に感謝しかない。

『昔も今も、すげえ『Mステ』が好きなんです。

出るのも見るのも好き。

だってあそこに出れば、自分たちもジャニーズの一員だって認められるじゃないですか?

Jr.はみんなそう思ってますよ』

ジャニーズJr.時代、たとえバックダンサーの一人でも『ミュージックステーション』から声がかかることを待ち望んでいた京本大我。これからはメジャーデビューしたグループのメンバーとして、胸を張って出演することが出来る。

『一つの道を極めることが出来る人って、
ストイックさはもちろんのこと、
絶対にヲタク気質を持っていないといけない気がします。
周りが見えないぐらい熱中するパワーがあってこそ、
物事を成し遂げられる。
成功に導く道を進めるんじゃないかと思います』

ミュージカル『エリザベード』のオーディションを勝ち抜き、いざ憧れの現場へと入ってみると、そこはまさに〝ミュージカルヲタク〟の役者、スタッフの溜まり場だった。

ジェシー

『偉そうに聞こえるかもしれないけど、
堂本剛くんのオンリーワンなところが好きで、
俺も将来は絶対にオンリーワンになりたい。
目標とか憧れを超えた、生きざまを示してくれる先輩』

敬愛する堂本剛について語るジェシーだが、いつも堂本光一からは「お前、舞台とかやってきたんやし、そこは堂本でも〝光一〟のほうとちゃうんかい!」――とツッコまれるとか。

『ジャンルは違うけど志村けんさん、
サンドウィッチマンさんのように、
めちゃめちゃ老若男女に好かれたいんですよ。
第一印象はあまり良くないけど、
第二印象からはグイグイと上げていける自信は……あります（笑）』

〝第二印象とは？〟の疑問はさておき、実はお笑い番組が
大好きなジェシー。志村けん『バカ殿』シリーズの出演は
夢の一つ。

『メンバー6人で、誰も見たことがない景色を見てみたい。
誰も見たことがないから、どんな景色か想像すら出来ない。
それが楽しみで仕方がないんです。
SixTONESをそこまで高めるのが俺の役割』

SMAPや嵐ですら見たことがない景色を「見てみたい」
と言い切るジェシー。果たしてそんな景色が日本の芸能界、
テレビ界に存在するのか？……結末を見せてくれ！

森本慎太郎

『昔から仕事もプライベートも熱しやすく冷めやすい性格で、
それを直すんじゃなく個性に変えさせてくれたのは、
SixTONESのメンバー。
5人がいなければ俺はいない。
絶対にね』

〝熱しやすい〟はまだしも〝冷めやすい〟性格はタレントとして直すべきじゃないか?……と、ごく普通のアドバイスをしないところがSixTONESの〝らしさ〟。森本慎太郎は「SixTONESにいなかったらとっくに辞めてた」――と言う。

『最年少といっても22才だしね。
所属歴も15年目に入っちゃうしね。
ぶっちゃけフレッシュさを求められても、
それはそれで〝出ない〟よ（笑）』

かつては兄と共にJr.内ユニット〝Tap Kids〟のメンバーでもあった森本慎太郎だが、兄のデビュー後は映画『スノープリンス 禁じられた恋のメロディ』主役オーディションを勝ち抜くなど、経験は誰にも負けない。若きベテランにフレッシュさは無用？

『褒められて伸びるほど単純じゃないけど、怒られたら伸びないタイプなのはリアルです』

最近の芸能界では〝褒めて伸ばせ〟〝長所を磨け〟が育成法のセオリーになってきたが、大切なのは個々の性格に合わせた育成法。森本慎太郎は「怒られることが苦手」らしい。得意な人間もいないだろうが（苦笑）。彼がこの先どこまで〝伸びる〟のか？——伸びしろは計り知れない。

エピローグ

2020年1月22日――。

遂にSixTONESとSnow Manがジャニーズ事務所史上初の〝同日メジャーCDデビュー〟を果たした。

「1964年の第1号タレント〝ジャニーズ〟（※グループ名）以来、期間限定ユニットを除くと、ジャニーズ事務所からメジャーデビューを果たしたグループは56年間で23組しかいません。それは当初、郷ひろみや田原俊彦、近藤真彦などのソロデビュー組を含め、日本レコード大賞や日本歌謡大賞などの賞レースで〝自社のアイドル同士を新人賞で競わせない〟ことがポリシーだったゆえ、対象同一年度ではデビューさせなかったのです。実際にそのお陰で田原俊彦（1980年）、近藤真彦（1981年）、シブがき隊（1982年）、THE GOOD-BYE（1983年）、少年隊（1986年）が日本レコード大賞と日本歌謡大賞の最優秀新人賞をW受賞。男闘呼組（1988年）がレコード大賞最優秀新人賞（※1988年は日本歌謡大賞の開催が中止）を受賞しています。またこの間、近藤真彦は日本レコード大賞と日本歌謡大賞を同一年度（1987年）に受賞。光GENJIは

日本レコード大賞（1988年）と日本歌謡大賞（1989年）をそれぞれ受賞しました」（ベテラン放送作家氏）

ジャニーズ事務所が各賞レースからの撤退を始めた1990年以降も、原則としてメジャーデビュー組は1年に1組。

それが破られたのは2011年のKis-My-Ft2とSexy Zoneの例しかない。

「実は2003年にデビューしたNEWSはデビュー曲が〝某コンビニ限定販売〟だったので、厳密に言うと〝メジャー〟デビューしたのは翌年の2004年。そうなると関ジャニ∞と重なります。とはいえ周年行事は2003年を起点にしているので、例外扱いしても構わないでしょう。そして2011年は先にメジャーデビューが発表されたのはバレーボールW杯応援サポーターのSexy Zoneでしたが、〝機が熟しに熟した〟Kis-My-Ft2のほうがデビュー日は先になりました」（同氏）

そんなジャニーズ事務所が〝1年に1組〟の原則を破るどころか〝同日デビュー〟の禁じ手まで繰り出してきたのは、もちろんSixTONESとSnow Manには〝戦略的な目論見〟が隠されているからに他ならない。

「SixTONESとSnow Manのメンバーには年齢的なリミットが迫っていました。この機を逃せば、あと数年以内に〝ふぉ〜ゆ〜〟路線かグループの解散か、2択しか残されていません。まだJr.歴の浅いラウールを除けば、2004年8月にJr.入りした深澤辰哉と阿部亮平を筆頭に、両グループのメンバー合計15名中10名が2006年までに加入しています。Jr.歴15〜16年のメンバーの扱いは、ジャニーズJr.全体を見渡せば大きな課題の一つですからね」（同氏）

誤解を恐れずに言うと、彼らが先輩グループのバックに付くことによって、経験を積ませたいJr.のチャンスが潰されることになる。

しかし彼らほどJr.としての様々なスキルを身につけたメンバーはいないし、そのスキルを若きJr.たちに継承させたい。

その解決法は一つ、〝2組をデビューさせる〟しかなかったのだ。

「どうせジャニーズの原則を破るのならば、とことん派手に破るしかない。そこで当時のジャニーズアイランド社長・滝沢秀明氏は、両者をとことん競わせる、〝完璧なライバル関係〟の下で戦略を展開させることに決めた。それが同日デビューでした」（同氏）

すでに結果は出ているだろうが、どちらかのグループのほうが売れ、どちらかのグループのほうが売れていない。純然たるランキングの上下が示されてしまうことは、果たしてプラスなのかマイナスなのか。

「滝沢氏はデビューシングルだけではなく、『セカンドシングルも同日発売にする』――とオフレコで通達を出しています。本人たちには茨の道でしょうが、徹底的にライバル関係を煽ってこそ2組は成長し、成功する。その信念を滝沢氏が曲げることはないでしょうね」（同氏）

それに関わる本人たちの気持ちについては本文中でもご紹介したが、ここでエピローグだからこそお話し出来る、滝沢氏の〝強面〟の一面にも触れておこう。

SixTONESがYOSHIKI氏プロデュースでスタートし、近い将来のアメリカ進出を計画している本当の目的。

Snow Manが〝王道ジャニーズ〟のパフォーマンスでアジア進出を計画している本当の目的。

それは赤西仁と錦戸亮、そして新しい地図を叩きのめすことだったのだ。

「赤西仁が一定の成功を収め、2020年から本格的に〝ニコイチ〟で活動する2人のプロジェクトを、すでにアメリカの音楽界でも知られたYOSHIKI、そして全盛期のKAT-TUNを彷彿させるSixTONESで叩き潰す。中国でのファンミーティングを足掛かりに東アジアに進出する新しい地図には、これが本物の〝ジャニーズパフォーマンス〟と滝沢氏が太鼓判を押すSnow Manをぶつけ、3人には出来ないエンターテインメントを見せつける。もちろん両者ともそんな目的はおくびにも出さずに展開させるでしょうが、滝沢氏は『失敗するようなプロジェクトは組まない』

――と豪語するほど自信満々ですよ」(同氏)

ご存じの方も多いだろうが、赤西仁はJr.時代から滝沢氏の〝舎弟〟としてギョーカイでは知られていた。

本来ならば可愛い後輩のはずだが、結局はワガママ三昧の末にジャニーズを退所。

しかもそこにジャニー喜多川氏のお別れ会に〝泥を塗った〟錦戸亮が合流したのだ。

かつて〝恩知らずのアホ〟呼ばわりした新しい地図の3人を含め、滝沢氏は何らかの決着をつけねば〝前に進めない〟のだろう。

「そんな雑念や思惑があろうとなかろうと、SixTONESとSnow Manは〝目の前の仕事に全力で臨む〟ことしか考えていません。そしてその壁を乗り越えた先には、新たなスキルと自信を手に入れた彼らがいるはずです。おそらく滝沢氏は、今後もSixTONESとSnow Manにはレベルの高い要求しかしないでしょう。もちろん『彼らならば乗り越えられる』――そう信じているからこその試練だと思います」（同氏）

メジャーデビューから異例づくしのSixTONESとSnow Man。

5年後、10年後に笑って振り返る頃には、天下は彼らの手の中に収まっているはずだ――。

〔著者プロフィール〕
あぶみ瞬（あぶみ・しゅん）

長年、有名アイドル誌の専属ライターを務めた後、地下アイドルのプロデューサーとしても実績を残す。同時にアイドルのみならず、クールジャパン系の情報発信、評論家としての活動を始める。本書では、彼の持つネットワークを通して、Snow Man、SixTONES、各グループと交流のある現場スタッフを中心に取材を敢行。メンバーが語った「言葉」と、周辺スタッフから見た彼らの“素顔”を紹介している。
主な著書に『NEXTブレイク前夜！ Snow Man × SixTONES × なにわ男子』（太陽出版）がある。

Snow Man vs SixTONES
—俺たちの未来へ—

2020年1月22日　第1刷
2022年9月23日　第3刷

著　者…………… あぶみ瞬
発行者…………… 籠宮啓輔
発行所…………… 太陽出版
〒113-0033 東京都文京区本郷3-43-8-101
電話03-3814-0471／FAX03-3814-2366
http://www.taiyoshuppan.net/

デザイン・装丁… 宮島和幸（ケイエム・ファクトリー）
印刷・製本……… 株式会社シナノパブリッシングプレス

ISBN978-4-88469-989-5

Snow Man vs SixTONES

—俺たちの未来へ—

◆ 既刊紹介 ◆

嵐 ～5人の今、そして未来～

矢吹たかを［著］ ¥1,400円+税

『僕らで出した答え――

「後悔しないように、真っ直ぐ前に進んで行こう」

応援してくれるみんなのために。

メンバー一人一人が愛している嵐のために』

〈相葉雅紀〉

2020年12月31日――
“活動休止”に向けてカウントダウンに入った「嵐」
彼らの“今”、そして“未来”を、
嵐メンバー自身の言葉と、
側近スタッフだけが知るエピソードで綴る！
5人の絆、後輩に託す希望、活動休止までの使命、
2021年からの5人の動向――
“嵐の真実”を完全収録!!

5人の8《エイト》 ～∞の彼方へ～
関ジャニ∞

上野樹一［著］ ¥1,400円+税

『やるっきゃない！
止まってる場合じゃないし、
ここで止まったら走り出すタイミングがわからなくなる。
ファンのためにも、我々が前向きにならんで誰がなるねん』

〈村上信五〉


メンバーの「偽らざる本音」を「知られざるエピソード」と共に初公開！

果たして今後の彼らの活動は……？

彼らを舞台裏で支える側近スタッフだけが知る“真実”を独占収録!!

関ジャニ∞の“今”、そして“これから”の関ジャニ∞――

◆既刊紹介◆

NEXTブレイク前夜！
Snow Man×SixTONES×なにわ男子

あぶみ瞬［著］ ¥1,300円+税

次世代を担う超人気ユニット――
滝沢秀明プロデューサー率いる3組の知られざる素顔が満載！
NEXTデビュー＆NEXTブレイクを狙う
超人気グループの情報解禁!!
初公開★エピソード満載!!

【主な収録エピソード】

<Snow Man>
★滝沢がSnow Manに与えた“試練”
★新メンバーに対する旧Snow Manメンバーの“本音”
★新メンバーが“お披露目公演”で感じた想い
★Snow Manの”秘密兵器“ラウールが秘めた可能性

<SixTONES>
★滝沢秀明がSixTONESに託した“想い”
★SixTONESに灯った“希望の炎”
★“バカレア組”時代の6人
★“空白の2年間”から“輝ける未来”へ

<なにわ男子>
★なにわ男子が結成された“特別な理由”
★西畑大吾、大西流星に起きた“意識の変化”
★なにわ男子が叩きつける“挑戦状”
★なにわ男子に求められる“魅力”とは？

太陽出版
〒113-0033
東京都文京区本郷4-1-14
TEL 03-3814-0471
FAX 03-3814-2366
http://www.taiyoshuppan.net/

◎お申し込みは……
お近くの書店にお申し込み下さい。
直送をご希望の場合は、直接小社宛にお申し込み下さい。
FAXまたはホームページでもお受けします。